DAS BUCH Hanf sei harmlos, meint mancher, eine zu Unrecht geschmähte Kulturpflanze. »Gebt das Hanf frei«, fordern darum viele. Und haben dabei sogar Beistand aus der Politik. Der Autor schildert hier drei Fälle aus der Arbeit des Kriminalisten Hartmut Zerche, die diesen Umgang mit Cannabis zumindest ein wenig leichtfertig erscheinen lassen. Seine Darstellung ist ein Plädoyer gegen die Droge und für mehr Nachdenklichkeit. Zugleich gewährt er einen Einblick in die Polizeiarbeit beim Kampf gegen das Rauschgift.

DER AUTOR Klaus Keck, Jahrgang 1960, stammt aus Sachsen. Nach dem Abitur und drei Jahren bei der NVA ging er zur Volkspolizei, absolvierte die Offiziersschule des MdI in Aschersleben und arbeitet seither als Kriminalist. Der heutige Kriminalhauptkommissar leitete mehrere Dezernate und Sonderkommissionen.

KLAUS KECK

SÄCHSISCHER HANF

AUTHENTISCHE KRIMINALFÄLLE

DAS NEUE BERLIN

Der Autor spendet den Erlös aus dem Verkauf dieses Buches an die Fachklinik für Drogenrehabilitation Wermsdorf.

INHALT

ABWÄRTS

Kriminalkommissar Zerche spürte ein leichtes Vibrieren unter den Fußsohlen, das stetig an Stärke gewann. Der Impuls stieg die Unterschenkel empor, überwand die Knie. Wenig später erfasste er den ganzen Körper. Dann war der Lkw auch schon vorüber. Das Nachbeben wurde bereits von dem herankommenden nächsten Fahrzeug überlagert. Unablässig rollten die Autos. Der Grund, auf dem Zerche stand, wankte, war merklich instabil.

Er lehnte sich übers Brückengeländer. Auch das hatte den schwingenden Rhythmus übernommen wie das ganze Bauwerk, das noch 1945 zusammengeflickt worden war, nachdem die abrückende Wehrmacht es kurz zuvor in die Luft gejagt hatte. Seither war die Brücke wieder und wieder renoviert und der Plan eines Neubaus mehrmals verworfen worden, weil das Geld fehlte. Ende der achtziger Jahre sollte dann endlich gebaut werden. Zumindest war es verbindlich geplant ...

Zerche warf die Kippe in die Elbe.

Die Stadt behalf sich schließlich damit, das Tempo zu drosseln. Inzwischen waren nur noch zehn Stundenkilometer erlaubt. Schritttempo auf der wichtigsten Ost-West-Verbindung über die Elbe zwischen Wittenberg und Riesa. Doch hinter Zerches Rücken entstand nun endlich die neue Spannbetonbrücke.

Das Wasser zu seinen Füßen strömte träge dahin. Es war nicht mehr so dunkel, nicht so schmutzig wie noch vor einigen Jahren. Viele Betriebe, deren Abwässer jahrzehntelang ungeklärt in die Elbe strömten, produzierten nicht mehr. Stillgelegt, dichtgemacht, abgewickelt. Und überdimensionierte Kläranlagen, die Investoren den Abwasserzweckverbänden aufgeschwatzt hatten, überzogen das Land. Nirgendwo mehr floss Ungeklärtes in die Elbe. Über die verbesserte Wasserqualität wurde inzwischen viel geschrieben, und noch mehr über die Lebensqualität entlang des Flusses geredet. Der politische Kalender zeigte das Jahr drei nach der Einheit. Den Hoffnungen der Wendezeit und euphorischen Prognosen der Politiker waren ernüchternde Tatsachen gefolgt, die blühenden Landschaften ließen auf sich warten.

Zerche spuckte in den Fluss. Die Elbe strömte stumm dahin, wie sie es seit Jahrtausenden tat. Das Flussbett war weit und nicht eingezwängt in eine ausgehobene Fahrrinne, einzig dazu bestimmt, viele Schiffe mit Tiefgang passieren zu lassen. Der Fluss war noch ein Strom mit Ufern, über die er treten konnte, ohne großen Schaden anzurichten. Dort unten, auf den Wiesen, hatten Russen und Amerikaner im April '45 getanzt. Das Denkmal der Begegnung stand noch immer auf dem Vorsprung über der Elbe. Eine Zeit lang hatte man dann politisch Anstoß daran genommen, schließlich käme der Ruhm den sowjetischen Befreiern zu, und wollte es weghaben. Weil das nicht ging, errichteten die Stadtoberen ein weiteres Denkmal jenseits der Straße, das an die Befreiung Torgaus erinnern sollte. Das geschah im gleichen Jahr '75, als erstmals irgendwo im Kosmos, aber genau über diesem Ort, eine sowjetische Sojus und eine amerikanische Apollo-Kapsel

ankoppelten. Ein symbolisches, gleichwohl so temporäres
wie folgenloses Ereignis insofern, als sich Ost und West
unverändert spinnefeind blieben. Die beiden Denkmale
aber standen noch. Obwohl viele sie schon wieder weghaben wollten, vor allem das eine, an dem nun jene Anstoß
nahmen, die nicht mehr von Befreiern, sondern von Be-
satzern sprechen wollten.

Zerches Blick schweifte flussabwärts. Hinter der Ei-
senbahnbrücke reckten sich über einer modernen Indus-
trieanlage zwei riesige Schlote. Das war mal das Flach-
glaskombinat, mit der in den achtziger Jahren gebauten
Floatglasanlage Europas modernster Betrieb seiner Art.
Und mit fast fünftausend Werktätigen der größte Arbeitgeber in der Region. Ein Zehntel davon war dort noch
beschäftigt, ein halbes Tausend Arbeitsplätze. Der neue
Eigentümer besaß Werke im Westen, Stammbetriebe geheißen, die aus Managerperspektive vorrangig ausgelastet
werden mussten. Im Osten gab es überhaupt keine Stammbetriebe. Nur verlängerte Werkbänke. Für die die »Investoren aus dem Westen« Fördermittel von der Treuhand
bezogen, mit denen sie nicht selten ihre Werke daheim sa-
nierten. So viel verstand Zerche von kapitalistischer Öko-
nomie und organisierter Vereinigungskriminalität bereits.
Er arbeitete schließlich bei der Kripo.

Hinter dem Glaswerk lag das Dorf, in dem Zerche auf
einem Bauernhof lebte. Den hatte er vom Vater geerbt, und
dieser wiederum von seinem Vater und so weiter. Nebst allen Äckern und Weiden. Zerche würde alles seinem Sohn
vermachen, dem studierten Agraringenieur. Vor der Zeit,
mit warmer Hand, wie die Alten sagten, würde er geben.
Er war Kriminalist und kein Bauer, auch wenn er seine
Herkunft vom Lande nicht verdrängte. Zerche war boden-

ständig und geerdet wie seine Vorfahren. Die Zeit seiner Ausbildung und Arbeit in der Hauptstadt, fern der heimatlichen Scholle, empfand er immer als eine Art Exil. Zerche kehrte zu seinen Wurzeln zurück, als die Mauer in Berlin fiel. Der verlorene Sohn fand freundliche Aufnahme in der Heimat, gute Polizisten waren überall gefragt. Wenngleich er mit einem Stern weniger auf den Schulterstücken in die neue Zeit startete. Aus dem Oberleutnant der K war ein Kriminalkommissar geworden.

Einige Möwen kreischten und jagten übers Wasser. Dieses permanente Schwingen und Vibrieren unter seinen Füßen nervte auf Dauer. Zerche löste sich vom Geländer und setzte sich in Bewegung, nachdem er einen flüchtigen Blick auf die Uhr geworfen hatte. Es ging bereits auf Mittag zu. Den Termin auf dem Brückenkopf hatte er persönlich und zu Fuß erledigt, er war lieber an der frischen Luft als im Büro. Und verband das Angenehme mit dem Unnützen: Was sollte er bei einem Karnickeldiebstahl auch ausrichten? Den Opa, der aufgeregt den Verlust eines Zuchttieres gemeldet hatte, konnte er allenfalls trösten. Einen Täter würden sie vermutlich nie finden, sollte ihnen Kollege Zufall nicht zu Hilfe kommen.

Wer mache so etwas, klagte der Rentner, wir hätten doch keine Nachkriegszeit, als die Leute klauten wie die Raben, um ihren Hunger zu stillen. Flüchtlinge aus dem Osten, Umsiedler geheißen, die Städter ohne Garten ... »Ist es schon wieder so weit?«, hatte ihn der Bestohlene gefragt.

Die Feststellung war natürlich rhetorisch. Niemand hungerte, das Sozialnetz war ziemlich engmaschig, das der Westen übers Land geworfen und damit alle Bedürftigen aufgefangen hatte. Nur wer den Weg zum Amt und das

Ausfüllen unzähliger Papiere scheute, musste zusehen, wo er blieb. Zerche kannte einige, die selbst dazu inzwischen zu faul waren. Vermutlich hatte sich einer von diesen Burschen seinen Braten in der Nacht auf dem Brückenkopf geholt. Aber lohnte die Mühe für einen Polizisten, sich auf die Suche nach ein paar Knochen zu begeben? Der Dieb hatte keinerlei Spuren hinterlassen, und wie sollte man beweisen, dass etwa die abgenagten Knochen in einer Mülltonne die des geklauten Karnickels waren? Immer vorausgesetzt, man würde sie überhaupt finden, bevor der Hund sie verbuddelt hatte. Diese Leute hatten immer einen Hund.

So ließ Zerche denn den Alten reichlich verärgert zurück. Der hatte ihn mit keineswegs freundlichen Worten zum Gartentor begleitet. Ha, von wegen: die Polizei – dein Freund und Helfer. Nie sei sie da, wenn man sie brauche!

Zerche hatte freundlich-jovial abgewiegelt, bis er sich gezwungen sah, den Redeschwall des Tatopfers zu beenden. Die Polizei könne nun mal nicht an jedem Kaninchenstall im Kreis Wache schieben, ließ er verlauten. Er hatte dabei das Tor aufgestoßen und den verärgerten alten Herrn von oben herab angelächelt. Er konnte gar nicht anders als von oben herabschauen, denn der Kaninchenhalter reichte ihm selbst mit seinem kecken Hütchen allenfalls bis zur Brust. Er musste bei dem Gedanken lachen, wie dieses Männlein das verschwundene Kaninchen von der Rasse Deutsche Riesen auf den Armen gehalten hatte, als es noch seines war. Ein Zwerg und ein Riese: was für eine ulkige Verbindung!

Einen schönen Tag noch, wünschte der Kriminalist beim Abgang, er werde Augen und Ohren offenhalten. Und seine Kollegen würden das natürlich auch. Sobald sie etwas in Erfahrung gebracht hätten, würde er sich wieder bei ihm melden, sagte Zerche und zog das Tor ins Schloss, dass es klackte.

Und wenn nicht?, rief Rumpelstilzchen hinterher.

Dann natürlich nicht, hatte Zerche geantwortet.

Zerche lief links am Schloss vorbei, durchs Fischerdörfchen, wie die Einheimischen dieses Areal am Elbufer nennen, weil dort vor langer Zeit einmal diese Zunft zu Hause war. Das war alles Historie. Langsam kehrten zwar die Fische wieder in die Elbe zurück, nicht aber die Fänger. Zerche konnte sich noch an jene Jahre erinnern, als er selber im Fluss angelte. Irgendwann verschmähten selbst die Katzen die Fische, weil sie entsetzlich nach Chemie rochen. Da stellte er das Stippen ein.

Der Kommissar wählte den kurzen Weg durch die Fischerstraße hinauf zum Markt. Hinterm Rathaus saß die Polizei, bis vor kurzem war es das Volkspolizeikreisamt, jetzt hieß die Einrichtung Direktion. Unterm Dach war die Kriminalpolizei untergebracht, dort hatte auch er sein Büro, das er sich mit Kollegen teilte.

Zur Linken stand die Mauer des einstigen Jugendwerkhofs. Er war der einzige im Land gewesen mit dem Attribut: geschlossen. Seit 1990 war der Geschlossene Jugendwerkhof offen und leer. Die Gebäude waren dem Verfall preisgegeben, niemand kümmerte sich darum. Zerche hatte gehört, dass ein Investor beabsichtige, daraus Eigentums- und Mietwohnungen zu machen. Wer würde freiwillig in ein solches Haus ziehen, hatte er sich gefragt. Aber wenn es als schick galt, in Hochbunkern und stillgelegten Bahnhöfen zu wohnen, wäre dies gewiss auch möglich. Wer dort einzog oder zuzog, musste außerdem nicht unbedingt wissen, welchem Zweck das Haus vormals diente. Die Erinnerung verschwand mit den Menschen, die einst hier lebten. So war der Lauf der Welt. Irgendwann würde niemand mehr in Deutschland existieren, der eine lebendige Erinnerung an die deutsche Zweistaatlichkeit haben würde. Das kollektive Gedächtnis reichte allenfalls achtzig Jahre zurück. Was davor lag, stand in den Geschichtsbüchern und interessierte nur noch die Historiker.

Zerche schaute in die Hafenstraße, die sich dem unwirtlichen Anwesen mit den hohen Mauern anschloss. Am Ende der Sackgasse erhob sich die ehemalige Töppchenbude. Jetzt stand überm Werktor der alte und neue Firmenname »Villeroy & Boch«, von 1948 bis 1990 war's mal ein VEB.

Tempi passati, sagte sich Zerche auch beim Anblick der einstigen öffentlichen Badeanstalt auf der gegenüberliegenden Straßenseite. Badewannenlose Anwohner konnten dort bis vor kurzem für kleines Geld ein Vollbad nehmen. Die sogenannten Volksbrausebäder waren ausgangs des 19. Jahrhunderts in Mode gekommen, auch in Torgau richtete die Stadtverwaltung damals eins ein. Jetzt aber, wo fast in jeder Wohnung eine Dusche oder Wanne stand, hatte sich ihre Funktion erledigt. Und außerdem kostete so eine Einrichtung die Kommune Unterhalt. Irgendwo musste mit dem Sparen ja begonnen werden.

Zerche seufzte und schritt zügig weiter voran.

Zur Rechten tauchte das Internat der Penne auf, die er einst selbst besuchen wollte und nicht konnte. Konfirmation und Herkunft standen dem entgegen: Der Vater war Landwirt – zwar in der LPG, aber obendrein mit eigener Wirtschaft. Solche Bauernkinder mochte man nicht fördern. Damals hieß die Einrichtung Erweiterte Oberschule und trug den Namen »Ernst Schneller«, jetzt war sie Gymnasium und nach Johann Walter benannt, der weiland zu Luthers Tagen das erste evangelische Kirchengesangbuch zusammenstellte und in Torgau verstarb.

Der Weg stieg an, die Fischerstraße quälte sich zum Markt hinauf und auf ihr Zerche. Die Stadt war vor tausend Jahren auf einem Felsen gegründet worden, das später erbaute Schloss hieß darum »Hartenfels«. Häuser mit Sitznischenportalen aus Sandstein, an denen der Zahn der Zeit erkennbar nagte, säumten die steile Straße. Zerche kannte die Wohnungen dahinter, sie waren eng, dunkel, niedrig und muffig wie das Mittelalter. Wer dort lebte, tat dies vordringlich aus Not, nicht aus Liebe zur Renaissance. Wer konnte, bezog gern eine Neubauwohnung in Nordwest, dem Marzahn von Torgau. Zerche verfügte über genügend Fantasie, um sich vorzustellen, wie diese alten Häuser in begehrte Kleinodien verwandelt werden konnten, hätte man nur genug Geld. Doch wer würde sie dann bewohnen, will heißen: Wer konnte es sich dann noch leisten? Wer bliebe denn noch hier, wenn es kaum mehr Arbeit gab? Von der Geschichte allein konnte eine Stadt nicht leben, in einem Museum wurde allenfalls verwaltet und gestorben.

Sein Atem ging kurz, der Puls ein wenig schneller. Er müsse sich mehr bewegen, sagte er sich. Das sagte er sich stets, wenn er merkte, dass auch er so etwas wie einen Kreislauf besaß. Der Amtsarzt, der ihm gelegentlich die Hand auflegte und den Blutdruck maß, schüttelte stets besorgt sein Haupt. Jungejunge, pflegt er dann recht burschikos und wenig vornehm zu erklären, denn man kannte sich seit Jahren und hatte einst gemeinsam das Blauhemd getragen, beweg deinen Arsch! Der Appell trug manchmal Früchte. Heute zum Beispiel. Hielt aber selten vor.

16

Der Pförtner am Eingang der Polizeidirektion erwiderte Zerches Gruß und stippte sich an die rechte Schläfe. Gab's was, fragte der Kriminalkommissar, um dass erwartete »Nö« zu vernehmen. Was sollte es hier im nördlichen Zipfel Sachsens schon geben? Wäre es anders, wenn sie der südliche Zipfel Brandenburgs wären? Vor drei Jahren hatte man das Volk im Kreis befragt, wohin es denn ziehen möchte. Die Mehrheit wollte sächsisch werden. Doch letztlich war es egal, welche Landesfahne überm Eingang der Wache hing. Ob grünweiß oder rotweiß: Provinz blieb Provinz. Zerche war es egal. Überall musste gearbeitet und gegen die Kriminalität angegangen werden.

Er erklomm schnaufend die Stiegen ins Büro. Kollege Karl, ein beleibter Gemütsmensch, im Berufe ergraut, wälzte irgendwelche Papiere, als Zerche durch die Tür trat.

»Na, erfolgreich gewesen bei der Ganovenjagd?«

»Und wie«, seufzte Zerche. »Karnickeldieb ist aber noch auf der Flucht.«

»Ich rate: mit'm Porsche!«

»Treffer. Darum schlage ich vor, dass du diesen Fall übernimmst. Du hast Kompetenz. Karnickelkompetenz sozusagen. Ich habe keine mehr, weil ich die Karnickel abgeschafft habe.«

Zerche traf ein Blick zwischen Zweifel und Vorwurf. »Warum das?«

»Ich kann kein Blut sehen. Wer sollte die Kaninchen schlachten?«

»Du kannst kein Blut sehen? Das ist mir aber neu. Und warum bist du dann bei der Kripo?«

»Wann fließt da schon mal Blut? Der Job ist doch so blutarm wie, wie ...« Zerche rang nach einem überzeugenden Vergleich. »Wie eine Versicherungsvertretung.«

»Allianz oder HUK-Coburg?«

Beide brüllten los. Zerche entledigte sich seiner Jacke und hängte sie über die Lehne. Dann ließ er sich auf den Stuhl fallen. Er langte nach dem Berichtsbogen, suchte Durchschlagpapier und spannt alles in die Schreibmaschine. Ratschend verschwand das Papier hinter der Walze und tauchte vorn wieder auf. Danach spitzte Zerche die beiden Zeigefinger. »So, dann wollen wir mal.«

Wenn Zerche etwas an diesem Job hasste, so war es dieser Schreibkram. Er hatte nichts dagegen, dass jeder Anzeige – und sei diese noch so abseitig – nachgegangen wurde. Doch dass alles wie seit anno dunnemals schriftlich festgehalten, also dokumentiert werden sollte, nervte ihn. Es kostete Zeit und Energie. Die würde er viel lieber etwa in seine Weiterbildung stecken. In diesem Jahr hatte die sächsische Kriminalpolizei damit begonnen, Fachkommissariate für organisierte Kriminalität, kurz OK, und für Rauschgift, mithin zur Aufklärung und Bekämpfung von Drogenkriminalität aufzubauen. Auch in der Torgauer Kriminalpolizeiinspektion wurden drei Mann zu einem Rauschgiftkommissariat zusammengefasst.

Für die Kollegen, sofern sie aus dem alten Stamm kamen, war das alles Neuland. In der DDR kannte man das Problem nicht. Für die internationalen Drogendealer waren die Alu-Chips uninteressant und Territorien mit nicht konvertierbaren Währungen keine Märkte. Das änderte sich schlagartig mit der Einführung der D-Mark am 1. Juli 1990. Die Währungsunion war zugleich eine Drogenunion. Vornehmlich aus den Niederlanden kamen zunächst Marihuana, bald Kokain und Heroin und zunehmend auch synthetische Drogen. In diesem Jahr, also 1993, hatten sie im Bereich der Kriminalpolizeiinspektion

Torgau bereits 35 Fälle registriert. Drei Dutzend Mal waren Drogen konsumiert, gehandelt oder abgegeben worden. Zumindest hatte die Polizei von diesen 35 Vorfällen Kenntnis erhalten. Übers Jahr verteilt nicht eben viel, doch Zerche und seine Kollegen fürchteten, dass es nicht dabei bleiben würde. Vermutlich liefe jetzt hierzulande alles so ab, wie es ihre westdeutschen Kollegen seit den siebziger Jahren erleben mussten. Immer mehr vornehmlich jüngere Menschen in Ostdeutschland würden drogenabhängig werden, und im Gefolge nähme die Beschaffungskriminalität zu. Mit all ihren Auswüchsen einschließlich Prostitution. Nicht zu reden von den sozialen und medizinischen Folgen für die gesamte Gesellschaft.

Für Zerche stand außer Frage, dass das Rauschgiftproblem – beschönigend selbst in der Fachliteratur der Polizei als »Drogenmissbrauch« bezeichnet – ein gesellschaftliches Problem war. Wenn sich mit einer Ware Geld verdienen ließ, musste man mitunter ein Bedürfnis erst wecken, um es dann profitabel zu bedienen. Hatte man Hunger, musste man essen, das war ein natürliches Bedürfnis. Sich den Verstand wegzuballern war kein natürliches Bedürfnis. Der Begriff »Missbrauch« war darum für Zerche irreführend. Natürlich existierten Rauschmittel, seit man Trauben in Wein verwandelte und Bier braute. Noch bevor es Drogerien gab, in denen legal Heil- und Giftstoffe gehandelt wurden, wussten unsere Vorfahren um die halluzinogene Wirkung von Fliegenpilzen, Schlafmohn, Stechapfel und Hanf. Man inhalierte, trank, kaute oder rauchte nicht nur um des Rausches willen, sondern auch aus medizinischer Erwägung. Lange vor der Entstehung der Pharmaindustrie wussten sich Medizinmänner damit zu behelfen, was die Natur ihnen gab.

Aber dem gängigen Begriff »Missbrauch« haftete dennoch etwas Verklärendes an, wie Zerche befand, er verharmloste. Nicht jeder, der Bier trank, war oder wurde Alkoholiker. Nicht jeder, der einen Joint rauchte, wurde abhängig. Doch die Suchtgefahr war, insbesondere bei jungen Menschen, um vieles größer als etwa beim Alkohol. Es begann mit sogenannten weichen Drogen, dann wuchs das Bedürfnis nach härteren Drogen, um den Reiz, Kick genannt, zu steigern. Das war wie eine Spirale, die sich zu drehen begann und aus der man, je länger sie drehte, immer schwerer herauskam. Und neben den sogenannten Zumacher-Drogen, die auf dem Markt waren, kursierten inzwischen zunehmend auch die Fitmacher-Drogen.

All diese Entwicklungen und Konsequenzen interessierten den Kriminalisten Hartmut Zerche, der seit kurzem mit zwei Kollegen den Kampf gegen die Drogen in Torgau aufgenommen hatte. Er wollte lernen, sich mit Fachleuten austauschen, Erfahrungen sammeln – statt Protokolle über Karnickeldiebstähle mit mehreren Durchschlägen und mit Leidenschaft in die Schreibmaschine zu hämmern.

»Übrigens, die Ackermanns haben wieder angerufen.«

Karl riss Zerche aus seinem Gedankenflug. Der starrte noch immer auf das weiße Blatt vor sich in der Maschine.

»Wer?«

»Na, die Ackermanns aus Nordwest.«

Zerche begann seine Gedanken und Erinnerungen zu sortieren. Ach ja, richtig, er entsann sich der Anrufe eines aufgeregten Vaters, der seinen sechzehnjährigen Sohn nicht mehr im Griff hatte. Zerche hatte ihn jedes Mal zu beruhigen versucht. Für die Pubertät sei nicht die Polizei zuständig, setzte er dem Anrufer in beschwichtigendem

Tone auseinander. Der Mann redete sich einmal derart in Rage, dass er schließlich meinte, wenn's den Jugendwerkhof noch gäbe, wüsste er, wohin er seinen Jungen brächte. Weggesperrt und eine Weile aus dem Verkehr gezogen, damit er nicht mehr in den Kreisen verkehren könnte, die ihn verführten und auf die schiefe Bahn gebracht hätten. Nana, hatte Zerche entgegnet, in den Jugendwerkhof seien nur straffällig gewordene Heiminsassen gekommen, sein Sohn sei weder straffällig noch in einem Heim.

Und jetzt hatte sich Ackermann erneut gemeldet?

»Es werde immer schlimmer mit seinem Jungen, hat der Mann gesagt. Zerche muss helfen. Hier«, Karl reichte einen Zettel über den Schreibtisch, »ich habe mir seine Adresse geben lassen.«

Mit erkennbarer Lustlosigkeit griff Zerche nach dem Papier. Er wusste: Jetzt bekam er ein Problem gereicht.

»Konntest du ihn nicht abwimmeln?«

Karl hob schützend beide Hände. »Was hätte ich denn tun sollen?«

»Sagen, dass wir für Erziehungsprobleme nicht zuständig sind.«

»Vielleicht ist es ja kein Erziehungsproblem. Im Übrigen hat er dich verlangt.«

»Da hättest du sagen können, dass ich krank bin.«

»Ist ja eine tolle Ansage. Komm, hör auf ...«

»Scheiße.« Zerche erhob sich wütend und streifte sich die Jacke über, der er sich vor Minuten erst entledigt hatte. Sein Ärger war ein wenig gespielt, was von seinem Kollegen leicht durchschaut wurde. Zerche nahm gern diese Aufforderung als Alibi an, dem Bericht zu entkommen, den zu schreiben er wenig Lust verspürte. Klar, aufgeschoben war nicht aufgehoben, er würde heute Abend wieder hier sitzen. Aber dankbar, wie ein Ertrinkender nach jedem vorbeitreibenden Strohhalm griff, so nützte er jede Gelegenheit, der Schreibmaschine den Rücken zu kehren. Oh, wie er die Bürokratie hasste.

»Schlüssel!« Zerche faltete das Blatt mit der Adresse und ließ es in der Brusttasche verschwinden. »Komm schon.«

Karl machte eine Kopfbewegung. »Hängt dort, wo er immer hängt. Papiere stecken im Handschuhfach.«

»Kannst schon in die Kantine gehen, ich esse, wenn ich zurück bin.«

»Warum plötzlich diese Eile?«

Die Frage hörte Zerche schon nicht mehr, er war bereits auf der Treppe. Dass er eilte, konnte man nicht gerade behaupten. Er lief gemessenen Schritts die Stufen hinab. Gebohnert müsste auch mal wieder werden, dachte er beim Blick aufs Linoleum zu seinen Füßen. Das lag nun auch schon seit Jahrzehnten dort. Die Bilder in den Büros und die Uniformen konnte man über Nacht wechseln. Bei den Dienstwagen dauerte es schon etwas länger. Und an das Mobiliar und die Ausstattung hatte man noch gar nicht gedacht. Das käme erst an die Reihe, wenn wir umziehen, hatte es geheißen. Ziehen wir denn um? Ja, wenn die Russenkasernen an der Dommitzscher Straße umgebaut sind. Ach so ...

Ein Kollege kam ihm entgegen. Er hielt ihm ein Klemmbrett entgegen. »Hast du schon unterschrieben?«

»Was?«

»Den Protest gegen den Abriss der Elbbrücke.«

»Der ist doch schon längst beschlossene Sache. Im Übrigen: Polizei ist neutral, die muss sich bei solchen Entscheidungen raushalten.« Zerche griff nach der Liste.

»Ich bin Staatsbürger in Uniform und habe meine Meinung.«

»Das will ich doch hoffen. Aber du kannst hier nicht während des Dienstes an diesem Ort bei den Kollegen Unterschriften sammeln. Das geht dienstrechtlich nicht.« Schwungvoll schrieb Zerche seinen Namen in eine Spalte und setzte das Signum in die andere. »Und lass dich nicht vom Alten erwischen. Der ist nämlich der Meinung, dass das Ding wegmüsse.«

»Weiß ich. Der hat doch einen Knall wie alle, die meinen, man sollte auch im Wortsinne alle Brücken hinter sich abbrechen, um keine Zeit beim Zurückblicken zu verlieren. Vorwärts immer, rückwärts nimmer.« Er lachte gequält.

Hm, grunste Zerche zustimmend und schritt weiter. Im Mai nächsten Jahres, so hatte die Verfügung aus dem Bundesverkehrsministerium geheißen, sollte die Flussüberquerung mit den genieteten Stahlbögen abgerissen werden. Es handele sich keineswegs um ein technisches Denkmal, das geschützt werden müsse, erklärten die Experten. Wenn schon kein technisches, dann aber mindestens ein historisches Denkmal mit großer Symbolkraft, hatten viele Torgau daraufhin lautstark geantwortet und eine Bürgerinitiative gegründet. Man konnte nicht alles der Verwaltung und »der Politik« überlassen. Wenn Leute aufmuckten gegen die Obrigkeit, war das ihr demokratisches Grundrecht, das bekanntlich in der DDR ziemlich eingeschränkt gewesen war. Und wohin das geführt hatte, konnte man 1989/90 tränenden oder lachenden Auges besichtigen.

Die Stadtverwaltung und die Landesregierung hatten der verständlichen Bürgerforderung die Kosten entgegengesetzt. Wir lebten jetzt im Kapitalismus, da müsste sich alles rechnen. Selbst der Idealismus. Neun Millionen würde die Sanierung der Brücke kosten, dazu in jedem weiteren Jahr 100 000 DM für die Instandhaltung, zitierte die Obrigkeit aus irgendwelchen Gutachten. Und der gesunde Menschenverstand fragte: 100 000 DM wofür? Für Blumenkübel auf dem Bürgersteig?

Die Stahlkonstruktion sei schrottreif, und außerdem: Wie würde sich das Monstrum aus dem 19. Jahrhundert neben der elegant geschwungenen, modernen Brücke aus dem 21. Jahrhundert ausnehmen? Bürger Zerche kannte die Argumente, er selbst hatte wiederholt an solchen Zusammenkünften teilgenommen. Die Front verlief zwischen konservativen »Erneuerern« und den vermeintlichen Betonköpfen, die an der Vergangenheit und an der Brücke hingen. Die Presse zitierte zwar auch den Sprecher des Fördervereins Europa-Begegnungen, der die Brücke als »Sinnbild der Völkerverständigung« bezeichnete, aber mehrheitlich hatte sich die Meinung durchgesetzt, bei mehr als 20 Prozent Arbeitslosigkeit in Torgau könne man sich diesen Luxus der Sanierung einfach nicht leisten.

Zerche sah die Sache politisch-historisch. Mit einigem Unmut las er Zitate in der Zeitung, die Zeitgenossen zugeschrieben wurden, die den 45er Handschlag von russischen und amerikanischen Soldaten keineswegs als Befreiung, sondern als Zusammenbruch der »deutschen Front«, als Niederlage, als Beginn der Besatzung bezeichneten. Sie verstehe gar nicht, zitierte eine Zeitung eine »ältere Frau« aus Torgau ohne Namen, was es da zu feiern gebe. »Die müssen doch verrückt sein.«

Er, der Kriminalist, gehörte zu den Verrückten. Auch er wollte, dass dieses ramponierte Symbol blieb, und hatte aus Prinzip etwas dagegen, wenn Geschichte vordergründig entsorgt und Vergangenheit verdrängt werden sollte. Aber als beamteter Staatsdiener hat er einen Dienstherrn. Diesem hatte er qua Eid zu gehorchen und das Staatsinteresse durchzusetzen. Und das hieß: Brückenabriss, und wenn es dagegen physischen Protest geben sollte, dann diesen zu brechen. Die Polizisten hätten also Menschen wegzutragen, obgleich sie vielleicht deren Überzeugung teilten und mit ihnen dort säßen, trügen sie nicht Uniform. Verrückte Welt ...

Zerche brauchte keine zehn Minuten bis Torgau-Nordwest. Vor Jahren noch hätte es keine Probleme bereitet, im Neubaugebiet einen Parkplatz zu finden. Jetzt kostete es einige Mühe. Nahezu jeder hier hatte sich nach der Wende ein gebrauchtes Auto oder einen neuen Wagen vom Ersparten zugelegt.

Schließlich fand Zerche eine Lücke, in die er den grünweißen Opel quetschen konnte. Beim Aussteigen sah er die Fassade hinauf. Wie erwartet hingen nicht wenige Köpfe aus den Fenstern oder beugten sich über Balkonbrüstungen, dankbar für jede Abwechslung. Er ignorierte die neugierigen Blicke. Er wusste, dass nun jeder Schritt von Dutzenden Augenpaaren verfolgt wurde. Was macht der Bulle hier, zu wem geht er? Auch wenn Zerche keine Uniform trug, verriet ihn sein Dienstfahrzeug.

Die Haustür war unverschlossen wie zu DDR-Zeiten, einen stummen Portier gab es nicht. So stieg er die Betonstufen hinauf und studierte an jeder Wohnungstür das Schild neben der Klingel. In der dritten Etage wurde er fündig. Nach dem Läuten vernahm er schlurfende Schritte. Die Tür öffnete sich einen Spalt, ein halbes Gesicht erschien.

»Ja?«

Im Hintergrund die Plattenbauten von Torgau-Nordwest. Hier begann die Drogenkarriere von Jochen Ackermann

Argwohn schwang in der Frage mit, Misstrauen und Distanz. Die Menschen hier waren in der jüngsten Vergangenheit zu oft bei windigen Haustürgeschäften über den Löffel balbiert worden: Versicherungen, Abonnements, Staubsauger, Lexika ... Die gebrannten Kinder wurden übervorsichtig und ließen keinen Fremden mehr über die Schwelle, mochte er noch so gewinnend lächeln.

»Guten Tag, ich bin Kommissar Zerche«, sagte Zerche und hielt den Dienstausweis in die Höhe. »Sie hatten auf der Dienststelle nach mir gefragt?«

»Oh«, entgegnet Ackermann, nahm die Kette aus der Verankerung und legte sein Gesicht in freundliche Falten. »Ich hatte nicht mit Ihnen gerechnet. Noch nicht«, schob er nach, um nicht unhöflich zu erscheinen.

Zerche zerkaute seine Entgegnung und schluckte sie hinunter: Warum hatte Ackermann dann überhaupt angerufen, wenn er ihn nicht erwartet hatte?

Der Kommissar folgte der einladenden Handbewegung und trat in den winzigen Flur. Der Mann verschloss die Tür hinter ihm und hängte gewohnheitsmäßig die Kette ein. »Kommen Sie, wir gehen in die Stube.« Er machte ein paar Schritte, Zerche ging ihm nach. In den Bauernwohnungen, auch in seinem Elternhaus, spielte sich das Leben in der Küche ab. Die »Gute Stube« wurde nur zu Familienfeiern benutzt, und zu Weihnachten stand dort die Tanne. Daneben gab es in der Regel noch einen zweiten Raum, dort zog der Fernseher ein, um den man sich allabendlich versammelte. Die »Gute Stube« blieb von derlei Alltäglichkeiten verschont. Aber in den knapp bemessenen Neubauwohnungen gab es solchen Luxus nicht: Wohnzimmer, Schlafzimmer, ein oder zwei Kinderzimmer, Küche, Bad und aus.

»Else, kommst du mal«, rief Ackermann durch eine angelehnte Tür, die in die Küche führte. »Der Mann von der Polizei ist da.« Dann wandte er sich wieder Zerche zu. »So, hier entlang.« Er wirkte ein wenig aufgeregt, nervös, Zerche kannte das. Die Polizei im Haus, gerufen oder überraschend erschienen, stiftete meist Verwirrung. Der sensible Zerche spürte diesen Umgang, wenn er dienstlich unterwegs war. Da gab es eine Grenze, die Staatsdiener vom Staatsbürger trennte.

Das Wohnzimmer sah aus wie hundert andere, die er schon in seinem Leben gesehen hatte. Schrankwand mit viel Glas, hinter dem Batterien von Sammeltassen und farbigen Römern wie in einem Museum ausgestellt waren, um nie benutzt zu werden. Bunte Drucke an der Wand vor Tapete mit großen Mustern, Fernseher auf der Anrichte, darunter ein Deckchen, das den elektronischen Altar schmücken sollte, daneben ein Lämpchen, weil irgendwann mal eine Fernsehleuchte als notwendig erklärt worden war, um das Auge zu entlasten, in der Ecke die Sitzgarnitur. Wie stets in den Neubauwohnungen zu groß fürs Zimmer. Das hatte schon die Möbelindustrie zu DDR-Zeiten nicht begriffen. Sessel und Sofas schienen stets für den Palast der Republik und nicht für winzige Arbeiterwohnungen gefertigt. Und nun schienen die Möbeldesigner, wie sie sich jetzt nannten, nur noch für üppige Villen zu entwerfen, wo die Räume weit waren wie Tanzsäle und vier Meter dreißig in der Höhe maßen. Vielleicht schauten sie zu viele Hollywood-Filme oder folgten der neuen Tonnenideologie: Je mehr Material eingesetzt wurde, desto höher der Preis und damit der Gewinn.

Zerche versank in einem der klobigen Sessel, der intensiv nach kaltem Zigarettenrauch roch wie das ganze Zimmer. Frau Ackermann steckte nur ihre Nase durch die Tür und erkundigte sich, ob sie etwas bringen dürfe, Kaffee oder was Kaltes. Er winkte dankend ab, nein, keine Mühe bitte. Aber sie solle sich dazu setzen, denn schließlich gehe es um ihren Jungen.

Die Frau, wie ihr Mann auf die fünfzig zugehend, setzte sich vorn auf die Kante des Sofas, jederzeit bereit sich zu erheben, wenn es denn gewünscht würde.

»Ich kenne Ihren Jungen nicht, er ist der Polizei bislang nicht aufgefallen«, begann Zerche. »Um was geht es?«

»Wo sollen wir da anfangen?« Ackermann knetete seine Hände. Die Aufregung hatte sich noch nicht gelegt.

»Erzählen Sie doch etwas über sich, dann kommen wir schon zum Thema.« Zerche wusste, wie man das Eis brach. Die Menschen wurden in der Regel warm, wenn sie über sich selbst berichteten. Da kannten sie sich aus und mussten keine Rücksichten auf andere nehmen. Diese

Fragetechnik hatte er in Aschersleben an der Polizeischule und anschließend im Kriminaldauerdienst in der Berliner Keibelstraße gelernt, wo er damals eingesetzt worden war.

»Darf ich rauchen?« Ackermann griff zur Schachtel, die im sauberen Glasascher mit einem Feuerzeug lag, ehe Zerche antworten konnte.

»Es ist Ihre Wohnung.«

»Naja, ich weiß nicht ... Vielleicht stört es Sie.«

Zerche hob die Hand.

»Ich arbeite im Glaswerk an der Wanne. Schon immer. Meine Frau habe ich im Flako kennengelernt. Wir sind nun schon etliche Zeit verheiratet. In sechs Jahren haben wir Silberhochzeit.« Wie zur Bekräftigung nickte er nach jedem Satz. »Wir wohnen hier seit Übergabe des Neubaublocks. Erstbezug.« Wieder ging sein Kinn nach unten und nach oben. »Und am Großen Teich haben wir einen Garten. Uns geht es eigentlich gut. Ich habe Arbeit, meine Frau auch.« Erwartungsfroh richtete er den Blick auf Zerche.

»Schön, dann ist ja alles in Butter«, sagte der trocken. »Warum haben Sie dann überhaupt bei der Polizei angerufen?«

»Es ist wegen Jochen, unserem Sohn.«

»Was ist denn mit ihm?«

»Er gefällt uns nicht. Er lässt sich gehen, hält sich nicht an Verabredungen, reagiert gereizt, wenn wir ihn ansprechen, schludert in der Schule. Belügt uns. Und vielleicht beklaut er uns sogar. Jedenfalls fehlt immer mal wieder ein Schein aus der Kaffeedose im Küchenschrank. Und wenn wir ihn darauf ansprechen, verschwindet er in seinem Zimmer und knallt die Tür. Oder rennt aus der Wohnung. Man kann kein vernünftiges Wort mit ihm wechseln ...«

Zerche hörte aufmerksam zu. »Wie alt ist er denn?«

»Er wird im Oktober siebzehn«, meldete sich erstmals die Frau zu Wort. »Er war so ein liebes Kind, doch seit er in dieser Clique ist, entzieht er sich uns völlig. Er setzt sich am Wochenende auch nicht mehr an den Tisch, um gemeinsam mit uns zu essen.«

»Er ist doch noch in der Pubertät«, sagte Zerche nachsichtig. »Da ticken nun mal die jungen Menschen nicht wie gewohnt. Ich denke, Sie sollten das nicht überbewerten, das renkt sich wieder ein.«

»Simone, seine Schwester, hat in der Pubertät nicht die Möbel in ihrem Zimmer zerlegt«, sagte die Mutter mit kaum unterdrücktem Zorn. »Der Schrank war nicht billig. Den hat er unlängst bei einem Wutausbruch kurz und klein geschlagen. Mein Mann wollte ihn daran hindern, doch da hat er die Hand gegen seinen eigenen Vater erhoben. Der war völlig durchgedreht, als wäre er nicht ganz bei sich.«

»Und warum rufen Sie dann nicht den Arzt, sondern die Polizei an? Oder wollen Sie jetzt Anzeige gegen Ihren Sohn wegen Körperverletzung erstatten?« Zerche wirkte erkennbar ungehalten. Dafür hatte er sich extra auf den Weg gemacht?

»Um Himmels willen, nein. Ich zeige doch nicht mein eigenes Kind an und bringe es ins Gefängnis! Was sollen die Leute von uns denken, wenn das bekannt wird!«

Ackermanns Beschwichtigungen wirkten hilflos und irgendwie auch albern, nichts sollte nach draußen dringen, was den Ruf der Familie schädigen könnte. Im Schwarm wollte man nicht auffallen und anonym bleiben.

Um nicht völlig umsonst gekommen zu sein, fragte Zerche, ob er mal das Zimmer von Jochen sehen könne.

Dieses wie auch die nachfolgenden Fotos stammen von der Berliner Hanfparade am 12. August 2017. Seit 1997 demonstrieren alljährlich Tausende für die Legalisierung von Hanf als Genussmittel, Medizin und Rohstoff. Nicht wenige Beobachter sind erstaunt wie irritiert, mit welcher Leichtfertigkeit dabei über die negative Seite des Problems hinweggegangen wird

»Oder ist er sogar da, dass ich mit ihm ein paar Worte wechseln kann?«

Ackermann schüttelte den Kopf. »Nach der Schule trifft er sich mit den Jungs, mit denen er sich immer herumtreibt. Wo sie herumlungern und was sie machen – keine Ahnung. Meist kommt er erst spätabends nach Hause und verschwindet wortlos in seinem Zimmer, oft ohne was zu essen. Und haut sich ins Bett.«

Seine Frau ergänzte: »Wenn ich nachschaue, brüllt er nur: ›Raus!‹ Oft liegt er morgens, wenn ich ihn wecke, noch mit Klamotten im Bett und sieht schrecklich aus. Dann quält er sich ins Bad. Aber manchmal, so habe ich den Eindruck, geht er sogar ungewaschen zur Schule ...«

Zerche hatte sich bereits aus dem Sessel erhoben. »Zeigen Sie mir bitte Jochens Zimmer.«

Frau Ackermann strich sich die Kittelschürze glatt. »Aber bitte nicht erschrecken: Es sieht dort ziemlich unordentlich aus. Er lässt mich nicht mehr aufräumen. Ich habe sozusagen Zimmerverbot.« Sie lachte unsicher.

Als wenn es darauf ankäme, dachte Zerche.

Jochens Zimmer sah so aus wie angekündigt. Überall lagen Klamotten herum, verstreut auf dem Fußboden und über das ungemachte Bett. Die Türen hingen windschief im Schrank, sofern sie noch vorhanden waren, viele Regalbretter hatten sich aus ihrer Halterung gelöst, wobei sie dies nicht allein wegen der Schwerkraft getan hatten oder weil sie zu überladen gewesen wären. An den Wänden hingen Poster von Rockbands, Heavy Metal und Grufties, düster und gruselig, mit Totenköpfen und anderen martialischen Symbolen. Zerches Blick ging über die Szenerie, die ihm nicht unbedingt neu war. Er kannte die Insignien der Jugendkultur. Auf dem Sideboard erblickte er ein leere Cola-Flasche aus durchsichtigem Plast, an der herumgebastelt worden war. Im unterem Teil stand einige Daumen breit etwas trübes Wasser. Aus dem Flaschenkörper ragte seitlich ein kurzes Rohr, das sich am Ende etwas weitete. Die Öffnung war braun und schwarz, was darauf deutete, dass dort etwas gebrannt hatte.

»Wissen Sie, was das ist?«, erkundigte sich Zerche.

Else und Karl Ackermann schüttelten fast synchron ihre Köpfe. Ihnen sei die Flasche noch nie aufgefallen.

»Das ist eine Bong, selbst gebaut und primitiv, aber sie funktioniert.« Zerche nahm die Gerätschaft in die Hand, in der Literflasche schwappte die trübe Flüssigkeit. Er roch an dem schwarzen Rohrende und fand seine Annahme bestätigt. »Eine schlauchlose Wasserpfeife.«

»Jochen raucht«, sagte der Vater wie zur Bestätigung. »Aber nur Zigaretten.«

»Nein, nicht nur Zigaretten. Die Gerätschaft wird«, Zerche tippte gegen das Schillum, das Rohr mit dem Pfeifenkopf, »für anderes Kraut benutzt, nicht für Tabak im üblichen Sinne.«

Zerche ließ den Blick über das Sideboard wandern, zog schließlich ein Schubfach nach dem anderen auf und förderte aus dem dritten eine kleine Blechdose zutage. Er klappte sie auf, griff hinein und zerbröselte etwas Graugrünes zwischen den Fingern. »Wissen Sie, was das ist?«

Die beiden Ackermanns an der Tür hoben die Schultern.

»Das sind getrocknete Blüten und Blätter von Hanfpflanzen, auch bekannt als Cannabis. Das Zeug hier nennt man Marihuana oder Gras.«

»Marihuana? Ist das nicht Rauschgift?«, sagte der Vater, und in seiner Stimme schwang leichtes Entsetzen mit.

»Und das hier«, Zerche hielt unbeeindruckt einen goldfarbenen Harzkrümel zwischen Daumen und Zeigefinger gegen das Licht, »ist auch ein Cannabis-Produkt und nennt sich Haschisch. Praktisch weiterverarbeitetes Marihuana mit einer höheren Konzentration. Das raucht Ihr Sohn ebenfalls mit dem da.« Er zeigte mit dem Finger auf die gebastelte Wasserpfeife.

Schweigend standen die Ackermanns an der Tür, Zerches Erklärungen hatten ihnen sichtlich die Sprache verschlagen. Nach einer Weile brach es aus dem Mann heraus. Stammelnd, irritiert, konfus. »Das kann doch nicht sein. Rauschgift. Bei uns in der Wohnung. Sind Sie sich sicher? Ist das nicht etwas anderes? Getrocknete Teeblätter oder so etwas? Ich kann das nicht glauben, dass unser Junge Rauschgift nehmen soll.«

Der Kriminalkommissar schien wenig überrascht über diese Reaktion. Nicht zum ersten Mal erlebte er Eltern, die nicht bemerkt hatten, dass ihnen die eigenen Kinder entglitten waren und sie nicht mehr mitbekamen, was diese in ihrer Freizeit trieben. Mitunter handelte es sich um Ignoranz und Desinteresse. Die Erwachsenen waren wegen des gesellschaftlichen Umbruchs zu sehr mit sich selbst beschäftigt, als dass sie noch dem Nachwuchs ausreichend Aufmerksamkeit schenkten. Manche Väter und Mütter warfen die äußeren Umstände derart aus der Bahn, dass sie mit ihrem eigenen Leben nicht mehr klarkamen. Aus Arbeitslosigkeit wurde mitunter Asozialität, aus Autoritätspersonen schlechte Vorbilder.

All das traf hier nicht zu. Die Familienverhältnisse waren erkennbar solide und ordentlich. Es musste andere Gründe geben, weshalb Jochen Ackermann abdriftete. Aber sie waren nicht ohne weiteres auszumachen.

Zerche warf noch einen prüfenden Blick in das Metallschächtelchen. »Ich schätze, das sind sechs Gramm. So viel für den Eigenbedarf zu Hause zu haben ist in Sachsen unzulässig, grundsätzlich sind Erwerb und Besitz von Cannabis-Produkten verboten. Das ist ein Verstoß gegen Paragraf 29 des Betäubungsmittelgesetzes und wird bestraft.«

Frau Ackermann schlug die Hand vor den Mund und begann zu schluchzen, ihr Mann legte die Hand auf ihre Schulter.

»In NRW, Bremen und Rheinland sind sogar zehn Gramm zulässig, in Berlin drücken sie mitunter selbst bei 15 Gramm noch ein Auge zu. In Bayern und in Sachsen gibt es da keinen Spielraum.« Seine Erklärung führte keineswegs zur Entspannung, im Gegenteil. Also versuchte er abzumildern. »Ihr Sohn kommt nicht ins Gefängnis.« Er verschluckte den Anhang »noch nicht«, den er bereits auf den Lippen hatte.

Natürlich war dies alles auch für ihn Neuland, er und seine Kollegen im Osten verfügten über keine eigenen Kenntnisse und Erfahrungen über den Verlauf von Drogenkarrieren, gottlob, wie Zerche immer sagte. Dazu war seit dem Anbruch der neuen gesellschaftlichen Verhältnisse mit all ihren Folgen noch zu wenig Zeit vergangen. Doch aufgrund der Schulungen und Materialien, die ihnen aus den alten Bundesländern zur Verfügung gestellt worden waren, hatte Zerche gewisse Vorstellungen. Er hätte auf solche Kenntnisse, auf Drogen- und Beschaffungskriminalität und alles, was damit zusammenhing, weiter gern verzichten können. Doch die Verhältnisse, sie waren nun mal nicht so ... Auch im Osten wurden die Verhältnisse nun so, wie sie vierzig Jahre lang nur im Westen Deutschlands geherrscht hatten. Richtig, die Drogen waren auch dort erst später zum Massenphänomen geworden. Ende der sechziger Jahre kam Haschisch in Mode, der Joint wurde schicker Teil der Jugendkultur. Dann eroberten sogenannte bewusstseinserweiternde Drogen die Szene, etwa das synthetisch gewonnene LSD. Mitte der siebziger Jahre schwappte eine Heroin-Welle über den Großen Teich, die ihren Ausgang vermutlich im Vietnam-Krieg der USA genommen hatte. Seit es Kriege gab, putschten sich Soldaten mit Drogen auf, um besser töten und länger durchhalten zu können. Im Altertum wie in der Gegenwart: mit Wein, mit Opium, mit Pilzen wie etwa die Wikinger. Als Nazideutschland Polen überfiel, waren die Wehrmachtsoldaten vollgepumpt mit Methamphetamin. Mit Pervitin, auch »Panzerschokolade« genannt, bekämpften sie Stress und Müdigkeit und versetzten sich in Euphorie, mit der sich leichter morden ließ. Vor dem Frankreich-Feldzug 1940 orderte die Oberste Heeresleitung noch einmal 35 Millionen Pillen Pervitin. Und Vietnam? Historiker sprachen inzwischen von einem »pharmakologischen Krieg« und schätzten, dass etwa zehn bis fünfzehn Prozent der US-Soldaten heroinabhängig waren. In den achtziger Jahren rollte die Kokain-Welle, ihr auf dem Fuße synthetische und Designer-Drogen. Ohne dass zwischenzeitlich der Cannabis-Konsum zurückgegangen wäre. »Gras« wurde immer geraucht, und zwar in allen Kreisen und Generationen.

Zerche behielt das Schächtelchen in der Hand. Das sei ein Offizialdelikt, sagte er und sah den fragenden Blick der Mutter. »Der Besitz ist strafbar, und das muss die Staatsanwaltschaft von Amts wegen verfolgen.«

»Was bedeutet das?«

»Ihr Sohn bekommt erst einmal eine Vorladung.«

»Vom Gericht?«

»Nein, von mir.« Zerche wollte mit dem Jungen ernsthaft reden, vielleicht ging da ja noch was. Nicht jeder Jugendliche, der Haschisch rauchte, wurde Dealer und stieg später auf härtere Drogen um. Nicht alle, aber einige eben doch. Zerche wollte mit der Staatsanwaltschaft in Erfahrung bringen, wie abhängig Jochen Ackermann bereits war.

Der Kriminalkommissar nahm das Kästchen. »Ich stelle das Zeug sicher, nehme es also mit. Und Sie bekommen ein Sicherstellungsprotokoll.«

»Eine Quittung?«

»Ja, eine Art Quittung.«

Die beiden Ackermanns beobachteten schweigend die Szenerie, als fürchteten sie, mit jedem Wort die Lage – diffus bedrohlich – noch zu verschlimmern. Selbst wenn der Kommissar explizit erklärt hätte, ihr Sohn komme nicht vor den Kadi, war damit das Problem nicht gelöst. Wie nun weiter? Wie mit Jochen umgehen? Sie hatten ihn immer an der langen Leine laufen lassen, ihn nie gemaßregelt, Verbote ausgesprochen oder gar geschlagen. Im Gegenteil: Sie hatten ihn in Watte gepackt, was ihnen ihre Tochter gelegentlich vorhielt. Das war die Eifersucht auf den jüngeren Bruder, das Nesthäkchen, wie sie damals meinten. Angesichts der lädierten Möbel und der ramponierten Verfassung ihres Sohnes fragten sie sich allerdings, ob die Vorwürfe der Tochter nicht vielleicht doch begründet waren.

»Was haben wir falsch gemacht?«, beendete Ackermann das lange, düstere Schweigen. »Was?«

Das Nicken seiner Frau zeigte Zerche, dass auch sie von Selbstvorwürfen geplagt wurde, von Zweifeln, als Mutter immer richtig gehandelt zu haben. Da half Trost wenig,

Zerche wusste das. Gegen Gefühle kam man mit Argumenten nicht an.

»Ich würde mich mal mit Jochen unterhalten. So von Mann zu Mann«, sagte Zerche. »Das ist etwas anderes, als wenn ich ihn vorladen würde. Sie verstehen?« Er griff in seine Jackentasche und holte eine Visitenkarte heraus. »Haben Sie einen Stift, um sich meine Telefonnummer zu notieren?«

Zerche zögerte nicht deshalb, die inzwischen auch im Osten übliche Visitenkarte auszuhändigen, weil er sie sparen wollte, sondern weil er fürchtete, dass das offizielle Dienstkärtchen zu voreiligen und damit falschen Schlüssen führte, wenn es der Vater an seinen Sohn weiterreichen würde. Er nannte die Ziffern, die sich Karl Ackermann auf dem Rand der Zeitung mit Bleistift notierte. Er wiederholte sie beim Schreiben und danach im Ganzen. »Und was soll ich ihm sagen?«

»Sagen Sie ihm, dass einer Ihrer Bekannten sich mit ihm treffen möchte. Der sei von der Polizei und wolle sich mit ihm mal über seine Zukunft unterhalten.«

»Ich weiß nicht ...«, reagierte die Mutter.

»Was wissen Sie nicht?« Zerche schaute der Frau ins Gesicht.

»Ob er das machen wird. Bei Ihnen anrufen. Der hört doch auch sonst nicht mehr auf das, was wir ihm sagen. Wenn Karl ihm die Nummer gibt, wirft er die Zeitung bestimmt gleich in den Müll.«

»Schon möglich. Aber ich bitte Sie, ihn gemeinsam zu überzeugen, dass er sich bei mir meldet. Es ist wirklich zu seinem Besten. Anderenfalls bekommt er eine amtliche Vorladung, und wenn er die ignoriert, holen wir ihn. Also, reden Sie ihm gut zu. Das macht die Sache einfacher.«

Zerche verabschiedete sich und lief die Treppe hinab, in der Hand hielt er das Kästchen mit den Drogen. Dass er sich erleichtert, gar froh gestimmt fühlte, konnte er nicht von sich behaupten. Das Gegenteil war der Fall. Sein Fell war nicht dick genug, dass es ihn nicht berührte, wenn eine Familie plötzlich mit einem derartigen Problem konfrontiert wurde. Hilflos wähnten sie sich vor einem Trümmerhaufen ihrer Erziehung stehend. Er wusste, was jetzt hinter der Wohnungstür mit der Sicherheitskette geschehen würde. Trotz aller Vorsichtsmaßnahmen hatte die schreckliche, raue Wirklichkeit in ein trautes Heim Einzug gehalten. Nein, den Eltern war kein Vorwurf zu machen. Aber die Gründe ausschließlich in der Gesellschaft zu suchen, war nicht minder falsch. Wer Drogen nahm, war nicht Opfer. Zu diesem wurde er erst, wenn er aus eigener Kraft nicht mehr davon loskam, abhängig wurde und damit krank. Am Anfang aber war Mitleid nicht angebracht. Das wahrlich nicht.

Drei Tage später saß Jochen Ackermann Kommissar Zerche gegenüber. Er hatte am nächsten Tag, vermutlich nach der Schule, bei ihm angerufen. Offenkundig war er dazu von seinen Eltern erfolgreich bewegt worden. Vielleicht hatte er sich auch körperlich miserabel und im Kopf klar gefühlt, so dass er auf den Vorschlag einging. Also hatte er sich gemeldet.

Die Stimme am Telefon, das war dem aufmerksamen Zerche sofort aufgefallen, hatte nicht sonderlich selbstbewusst und kräftig geklungen, mehr fragend als fest. Der Kriminalkommissar war sich bis zum letzten Moment

nicht sicher, ob Jochen Ackermann zur vereinbarten Zeit
kommen würde, selbst wenn dieser – trotz aller gegen-
teiligen Feststellungen – letzten Endes doch noch dem
Wort von Autoritäten folgte. Drogensüchtige reagierten
aber sprunghaft und unlogisch. Was heute verabredet war,
konnte schon morgen vergessen sein. Doch der Sechzehn-
jährige war erschienen. Zerche erkannte ihn, weil ihm die
Eltern ein Foto gezeigt hatten.

»Tach«, sagte Zerche, der ihn an der Wache abholte,
nannte seinen Namen und reichte die Hand zum Gruß.
»Du bist Jochen?«

Der blasse junge Mann nickte und folgte der Aufforderung, ihm zu folgen. Im Büro setzte er sich auf den Stuhl,
den ihm Zerche neben den Schreibtisch gestellt hatte.
Er öffnete den Mund und gähnte, ehe er sich im letzten
Moment daran erinnerte, mit der Hand den Blick des
Gegenübers in den Rachen verhindern zu müssen, weil es
sich so gehörte.

»Müde?«

Der picklige Jüngling schüttelte den Kopf. »Wer sind Sie? Was wollen Sie von mir?«

»Willst du eine Tasse Kaffee?«

»Nee, ich will ein Bier.« Die Antwort klang pampig und sollte vermutlich signalisieren, dass man bereits erwachsen sei.

»Gibt es hier nicht«, sagte Zerche. »Ich nehme jedenfalls einen Kaffee.«

Er ging zur Kaffeemaschine auf dem Sideboard, wo die dunkelbraune Brühe schon einige Zeit vor sich hinköchelte. Sie war fast schwarz. Zerche musste drei Kapseln Sahne nehmen, damit sich der Kaffee in der Tasse ein wenig aufhellte.

»Willst du nicht doch einen?«

»Okay. Aber schwarz und ohne Zucker«, kam es vom Stuhl und es klang, als wäre dies ein Gnadenakt.

»Ich bin ein Bekannter deiner Eltern«, fing Zerche harmlos an. »Sie machen sich Sorgen um dich und haben mich gebeten, mit dir mal zu reden. Mit ihnen sprichst du ja kaum noch.«

Der Blick, der Zerche traf, war fahrig, die Augen seines Gegenübers verengten sich.

»So, haben die Alten das gesagt?«

Zerche nickte. »Sie haben mir auch dein Zimmer gezeigt.«

Allein der Umstand, dass er in einer Amtsstube war, hinderte ihn daran aufzuspringen. Er war erkennbar wütend. »Dazu hatten sie kein Recht.«

»Doch, das haben sie. Dein Zimmer ist kein exterritoriales Gelände, es ist Teil eurer gemeinsamen Wohnung, für die deine Eltern Miete zahlen.«

»Sie haben trotzdem meine Privatsphäre zu respektieren!«

»Das tun sie. Über die Maßen, wie ich meine. Sie waren darum völlig überrascht, was da auf der Anrichte stand. Die leere Plastikflasche mit dem Pfeifenkopf zum Beispiel hatten sie noch nie gesehen.«

»Aber nun, nachdem sie mit Ihnen in meiner Bude herumgeschnüffelt haben, kennen sie die. Schönen Dank auch.«

Zerche blieb ruhig. »Wir haben nicht geschnüffelt. Deine Eltern wollten mir lediglich den kaputten Schrank zeigen.«

»Sind Sie von der Versicherung oder was?«

»Nein. Oder im weitesten Sinne doch. Ich möchte helfen, dass du nicht vor die Hunde gehst.«

Der Junge schaute ihn gleichermaßen verständnislos wie ablehnend an. Er brauche keinen Seelendoktor, er sei gesund und komme allein klar, stieß er hervor.

»Da bin ich mir nicht so sicher.« Zerche zögerte ein wenig. »Wir haben auch noch ein Metallschächtelchen gefunden ...«

»Sie haben mir das alles geklaut.« Nach einer Pause, in der er sich die laufende Nase geputzt hatte, rief der blasse Schüler, und das mit einer Stimme, die Zerche ihm nicht zugetraut hatte: »Und Sie wollen noch immer behaupten, nicht in meinem Zimmer geschnüffelt zu haben?« Verärgert und wütend zugleich griff er nach der Kaffeetasse und nahm einen Schluck. Angewidert stellte er die Tasse sofort auf den Tisch zurück.

»Wo eine Wasserpfeife ist, ist das Gras nicht weit, habe ich mir gedacht und einfach ein Schubfach aufgezogen. Da fiel mir das Kästchen in die Hände.«

»Einfach so.« Die höhnische Heiterkeit war mehr als gekünstelt. In dem Jungen kochte und siedete es.

»Du weißt schon, dass der Inhalt für den Staatsanwalt reicht?«

Zerche meinte, ein wenig Angst zu schüren wäre nützlich. An der Reaktion seines Gegenübers würde er ablesen können, wie abgebrüht oder desinteressiert dieser bereits war. Ließ ihn die versteckte Drohung kalt, könnte dies durchaus als Indiz für eine hochgradige Abhängigkeit gelten. Ab einem bestimmten Punkt schreckte Drogenabhängige kaum noch etwas. Ihr Leben wurde einzig von dem Gift bestimmt, die Droge überlagerte und beherrschte alles andere. Wobei: Dieser junge Mensch, auch wenn sein Äußeres und sein Verhalten zweifellos auf regelmäßigen Konsum deuteten, erschien ihm noch nicht so weit abgedriftet, dass er sich nicht mehr ins bürgerliche Leben würde zurückholen lassen. Deshalb saß er ja jetzt hier und sprach mit dem Kommissar, sonst wäre er vielleicht gar nicht erschienen. Zerche hatte noch Hoffnung.

Jochen Ackermann schniefte und zog durch die Nase hoch. Nahm erneut einen Schluck, überlegte, schwieg. Zerche deutete das als positives Zeichen und setzte nach.

»Wie lange rauchst du das Zeug schon?«

Ackermann schien zu grübeln. »Vielleicht ein Jahr.«

»Warum?«

»Warum, warum.« Das Echo verschaffte ihm Zeit, aber ihm fiel nichts Vernünftiges ein. Zerche sah das. Und half nach.

»Da hast du schon Zigaretten geraucht?«

»Hm.«

»Und in deiner Clique hatte dann jemand *shit* dabei und gesagt: Probier mal das.«

»Hm.«

»Der Joint war besser als die Kippen?«

»Erst mal schon. Man fühlte sich wie in Watte gepackt, alles war weich und schön. Irgendwie gut und easy.«

»Daran konnte man sich gewöhnen.«

»Genau. Das Gefühl hielt aber nicht lange vor. Doch man wollte es wieder haben, dieses Gefühl von, von … Leichtigkeit. Da hat man es sich eben gekauft.«

»Wo?«

»Du bist doch von der Polizei?«

Zerche tat, als habe er die Frage und den Wechsel zum vertraulichen Du überhört. »Bekommst du so viel Taschengeld von deinen Eltern, dass du dir das leisten kannst?«

»Nee, das reicht nicht. Der Dealer, bei dem ich kaufe, sagte irgendwann, er gibt mir drei Tütchen, davon soll ich zwei bei ihm abrechnen, das dritte kann ich selber verbrauchen.«

»Immer?«

»Nicht immer. Der will jetzt meist Bares sehen.«

»Das Taschengeld aber reicht nicht, hast du gesagt.«

»Natürlich nicht.«

»Also beklaust du deine Eltern.«

»Manchmal ziehe ich einen Schein aus dem Portemonnaie oder der Büchse mit dem Haushaltsgeld in der Küche.«

»Klaust du auch im Supermarkt?«

Der Junge zögerte mit der Antwort. Zerche blieb ruhig und schob erst nach einer Weile ein fragendes, aber nicht drohendes »Na was?« nach.

»Ab und zu. Ich verticke dann das Zeug zum halben Preis. Schnaps, Zigaretten … Alles, was geht.«

»Ziehst du auch jüngere Schüler ab?«

Ackermann senkte den Blick zu Boden. Einmal nur, sagte er mit leiser Stimme. Offenkundig brach an dieser Stelle so etwas wie Scham bei ihm auf. Der Druck sei zu groß gewesen, er habe unbedingt was zu rauchen gebraucht, und der Dealer habe ihm keinen Kredit mehr gegeben. Sein Limit war überschritten.

Zerche kannte dieses Schneeball-Prinzip. Dealer fixten Dealer fixten Dealer an. So entstand ein fester Abnehmerstamm, aber der Spielraum für den einzelnen Kleindealer wurde immer geringer, der Zwang zur Zahlung hingegen stetig größer. Heroin ließ sich strecken, Haschisch kaum. Für Zerche war jeder Verkauf von Drogen ein Gewaltverbrechen, denn jeder Dealer stahl seinen Kunden die Gesundheit, nachdem ihm zuvor mit Drogen selbst die Gesundheit geraubt worden war.

»Wie oft kiffst du?«

»In der Woche?«

»Am Tag.«

»Vielleicht drei oder vier Mal. Früh vor der Schule nehme ich ein paar Züge, damit ich die Langeweile überstehe. Nach dem Unterricht ziehe ich mir einen rein und abends mit den Kumpels auch.«

»Und morgens tun dir die Knochen weh, weshalb du gleich wieder zur Bong greifst.«

»Kiffst du auch, dass du dich damit so gut auskennst?«

Zerche lächelte vage und blieb die Auskunft schuldig. Ihm war bewusst, dass der junge Mann ihm gegenüber inzwischen zwanghaft abhängig war, der konnte nicht mehr – selbst wenn er es wollte – von heute auf morgen aus freien Stücken aufhören. Trotzdem stellte Zerche die Frage, ob er, Jochen, nicht schon mal ans Aufhören gedacht habe.

Ja, schon, lautete die Antwort. Aber wenn es ihm scheiße gehe, brauche er ein paar Züge, dann fühle er sich etwas besser. Außerdem kifften alle seine Kumpels, er sei doch kein Schlappschwanz und Versager.

»In ein paar Wochen ist die Schule vorbei. Was willst du danach machen?«

Jochen Ackermann verzog das Gesicht. »Keine Ahnung.«

»Hast du schon eine Lehrstelle?«

»Ja, mein Alter hat mich in der Glasfabrik untergebracht. Aber ich habe darauf keinen Bock.«

»Denkst du nicht über deine Zukunft nach?«

»Zukunft? Was ist das?« Der Junge schüttelte heftig mit dem Kopf und trank den letzten Tropfen Kaffee. »Hier geht doch alles vor die Hunde. Die meisten hauen ab in den Westen, wo sie einen guten Job kriegen. Und auch sonst passiert hier nicht viel. Alles tote Hose.«

»Du kannst dich doch nicht beklagen. Dein Vater hat Arbeit, deine Mutter auch, und du hast eine Lehrstelle in Aussicht.«

Der Pickelkopf sann eine Weile nach. »Naja, wenn du das so siehst ... Aber bei den anderen sieht es nicht so gut aus.«

»Mag sein«, entgegnete Zerche. »Aber wir reden jetzt nicht über die anderen, sondern über dich. Du kiffst, du bestiehlst deine Eltern, du dealst, du klaust ... Irgendwann fliegst du auf die Fresse, wenn du so weitermachst, und dann bist du wirklich im Arsch. Also sollten wir gemeinsam darüber nachdenken, wie du aus der Nummer herauskommst, bevor das eintritt.«

»Was für eine ›Nummer‹?«

»Siehst du nicht die Entwicklung, die bei dir wie bei jedem anderen Drogensüchtigen läuft? Es ist immer der gleiche Mechanismus. Das ist, das ist ...«, Zerche hielt inne, um ein Bild zu finden, »das ist wie eine Lawine, die unaufhaltsam ins Tal donnert und alles mitreißt.«

Das Wort »Drogensüchtiger« provozierte wütenden Protest bei seinem Gegenüber. »Ich bin doch nicht süchtig, nur weil ich kiffe! Ich habe die Sache im Griff, ich kann jederzeit aufhören.«

»Und warum machst du es dann nicht?«

»Weil ich nicht will!«

Zerche kannte diese Sprüche auch von Alkoholikern. Genau das machte ihre Erkrankung aus: Sie wehrten sich nicht nur gegen die Erkenntnis, dass sie krank waren, sondern gaben sich davon überzeugt, es nicht zu sein und ihre Situation im Griff zu haben.

Sollte er jetzt das ganze Szenario aufsagen, das Jochen erwartete, wenn er nicht aufhörte? Zugegeben, Zerche hatte eine Drogenkarriere noch nicht aus der Nähe miterleben müssen. In der sächsischen Provinz, in der erst seit kurzem die Gesetze des Marktes herrschten, hatte sich die Drogenszene noch nicht fest eingenistet. Es brauchte längere Zeit, um genügend »Konsumenten« anzufixen. In diesem Umfeld nahm dann die Beschaffungskriminalität zu, die Prostitution erfuhr einen Aufschwung, und damit auch der grenzüberschreitende Menschenhandel.

Wer mit Marihuana begann, wollte bald auch anderes ausprobieren oder gleich Härteres riskieren. Man schnupfte oder drückte oder nahm alles durcheinander: Hauptsache wegschießen und nichts mehr wahrnehmen! Der Ausstieg aus der Realität war der Einstieg ins Abseits, mental und sozial. Und nebenbei ruinierten sie sich noch die Gesundheit.

Sollte er dem Jungen Bilder von Drogensüchtigen zeigen, die man tot mit der Nadel im Arm auf Bahnhofsklos gefunden hatte? Entweder weil sie sich den Goldenen Schuss, also eine Überdosis, gespritzt hatten, um dieses für sie inzwischen entsetzliche Leben zu verlassen. Oder weil die Heroin-Krümel, die sie sich im Löffel über der Flamme flüssig machten, um sich anschließend die braune Flüssigkeit in die Vene zu spritzen, hochgradig gestreckt und verunreinigt waren. Fachleute waren davon überzeugt, dass alles Straßenheroin mit Paracetamol, Milchpulver, Mehl, Valium und anderen Substanzen gestreckt war. Bei braunem Heroin schätzten sie den Reinheitsgrad des in winzigen Tütchen gehandelten Giftes auf lediglich drei bis vierzig Prozent, bei weißem Heroin bei sechs bis siebzig, in Deutschland noch erheblich darunter.

Breitete Zerche das eindringlich vor Ackermann aus, würde der sagen: Er rauche ja nur Gras und sei nicht auf »Ätsch«, also auf Heroin, das von sogenannten Usern mit dem englisch ausgesprochenen H, also »Ätsch« bezeichnet wurde. Natürlich, der Bengel rauchte Gras, zog – vermutlich – noch keine Linie, das heißt er schniefte kein Koks, spritzte sich kein Heroin, wie Zerche an den glatten, unauffälligen Unterarmen des Jungen mit einem Blick festgestellt hatte. Das bedeutete, dass sich die Lawine noch nicht gelöst hatte. Sie musste sich nicht zwingend lösen.

Aber bei Jochen Ackermann war die Gefahr, das fühlte Zerche, vergleichsweise groß.

»Okay«, sagte Zerche, »verstehe. Du willst nicht aufhören, weil du nicht willst. Und warum willst du nicht?«

»Kann ich noch einen Kaffee haben?«

»Ja, klar«, reagierte Zerche, der das Ablenkungsmanöver durchschaut hatte. Er erhob sich und holte die Kanne. Dann wiederholte er seine Frage.

Jochen Ackermann wurde erkennungsdienstlich behandelt. Das war das übliche Prozedere bei allen auffälligen Drogenbesitzern. Zerche sammelte Bilder, Fingerabdrücke und dergleichen mit Kalkül, denn bei Einbrüchen, Überfällen oder Diebstählen gab es Spuren oder Personenbeschreibungen. Die konnte er mit diesen Daten abgleichen. Nicht selten nämlich handelte es sich beim Delikt um Drogenkriminalität. Dann dauerte die Suche nur kurz. Im Laufe der Zeit wurden weitere Institutionen im Kampf gegen die Drogen und deren Verbreitung einbezogen. So informierten beispielsweise die Ermittler die Landratsämter, die als zuständige Verwaltungsbehörde verdächtigen und nachgewiesenen Dealern oder Drogenabhängigen den Führerschein entzogen. Der Verlust der Fahrerlaubnis erwies sich als ein nützliches Druckmittel, weil es die Mobilität und damit den Wirkungsradius der Betroffenen erheblich einschränkte.

Das Amtsgericht in Leipzig behandelte Jochen Ackermann nachsichtig. Er sicherte zu, dass er sich einer Therapie unterziehen würde. Das veranlasste den Staatsanwalt zur Rücknahme der Klage, der Richter stellte das Ver-

fahren vorläufig ein, auch wenn Jochen Ackermann bei den Befragungen beharrlich verschwiegen hatte, woher das Cannabis kam. Er nannte weder Namen noch Treffpunkte. Er kooperierte nicht, wie man dazu sagte.

Die ambulante Therapie erfolgte in einer Einrichtung der Diakonie in Leipzig, mit der die Kriminalpolizei gute Erfahrungen gemacht hatte.

Zerche, der ab und an nach dem Rechten schaute und wieder und wieder das Gespräch mit Jochen Ackermann suchte und auch führte, merkte jedoch, dass dieser keineswegs von seiner Sucht loskam und immer wieder rückfällig wurde. Die Lawine hatte sich in Bewegung gesetzt. Die Eltern verzweifelten, weil ihnen ihr Kind endgültig abhanden gekommen war, sie gaben es verloren, obgleich es noch gelegentlich bei ihnen wohnte.

Schließlich erfolgte, nach einer Verurteilung wegen mehrerer Diebstähle, eine stationäre Einweisung nach Wermsdorf. Jochen Ackermann erhielt einen der vierzig Plätze in der dortigen Fachklinik für Drogenrehabilita-

tion. Doch ehe ihm dort wirksam geholfen werden konnte, haute er auch dort ab. Er verschwand in der Leipziger Drogenszene, tauchte völlig unter und meldete sich auch bei seinen Eltern nie wieder.

Zerche hörte ebenfalls nichts mehr von ihm.

Eines Tages im Jahr 2016 rief ein Mann aus Mockrehna die Eins-Eins-Null an. Sein Freund öffne nicht die Tür, er wisse aber, dass er zu Hause sei. Die Polizei machte sich auf den Weg in die Kleinstadt, die auf halbem Wege zwischen Torgau und Eilenburg an der Straße nach Leipzig liegt. Die Beamten sperrten die Tür auf. Die Wohnung befand sich in einem der Neubaublöcke, die in den siebziger Jahren vom Kombinat Industrielle Mast errichtet worden waren. Der Großschlachtbetrieb für Geflügel versorgte damals den ganzen Süden der Republik mit Broilern. Aber nicht nur dadurch hatte der Ort eine gewisse Berühmtheit erlangt. Auch wegen eines Beils, das sichtbar in der Kirchturmspitze steckte. Ein verärgerter Müllerbursche

namens Pumphut sollte es dorthin geworfen haben, wo es nunmehr seit über dreihundert Jahren steckte.

Hinter der gewaltsam geöffneten Tür lag ein Mann in einer enormen Blutlache, die bereits eingetrocknet war. Der ursprüngliche Verdacht eines Mordes erledigte sich bald, man musste auch nicht weiter nach dem anonymen Anrufer suchen, den man zunächst in Verdacht hatte. Wie ermittelt wurde, hatte sich der Mann im Drogenrausch selbst mit einem Küchenmesser die Kehle durchschnitten und Verletzungen an den Armen zugefügt.

Bei dem Toten handelte es sich um Jochen Ackermann.

Die Bilanz seiner etwa zwei Jahrzehnte währenden Drogenkarriere, die später rekonstruiert wurde?

Jochen Ackermann hatte über 120 registrierte Straftaten begangen, um die Drogen zu finanzieren. So viele ließen sich nachweisen, vermutlich aber waren es weitaus mehr. Er war drei Mal zu längeren Haftstrafen verurteilt worden, zwei Mal ordnete das Gericht eine stationäre Therapie an, die er aber stets abbrach. Er hatte weder Freunde noch eine eigene Familie. Er war in jeder Hinsicht abgestürzt. Er war an keinem Tag seines Lebens einer regulären Arbeit nachgegangen, hatte nie eine Ausbildung absolviert und lebte von den üblichen sozialen Zuwendungen des Staates, vom Diebstahl und vom Dealen.

Auch wenn es sich um einen Suizid gehandelt hatte, war es doch ein Gewaltverbrechen. Dieses hatte seinen Ausgang in den frühen neunziger Jahren genommen. Daran bestand für Kriminalhauptkommissar Hartmut Zerche, inzwischen schon lange Nichtraucher, nicht der Hauch eines Zweifels.

LUSTIGE ROSEN

»Das scheint nicht sein Tag gewesen zu sein.« Der Kriminalhauptkommissar kratzte sich am Nacken, welcher sich leicht über den Kragen seines Übergangsmantels wölbte. Der Nacken war kahl wie der ganze Schädel.

»Nee«, soufflierte sein Kompagnon. »Ist ja auch Freitag der 13., da kann es einen schon erschlagen.«

Die beiden standen seit einigen Minuten auf dem verwilderten Grundstück, über das ein frischer Aprilwind strich. Am Himmel trieben dunkle Wolken dahin. Es ging auf Mittag zu, so richtig hell aber war es nicht.

»Wer hat ihn gefunden?«

»Der da.« Der Kommissaranwärter zeigte dienstbeflissen zu einem Mann am Zaun, der dort offenkundig mit seinem Hund schon einige Zeit ausharrte.

»Wieso hat man den nicht schon längst nach Hause geschickt? Es hätte doch genügt, seine Personalien und seine Aussage zu protokollieren. Und wenn wir noch etwas wissen wollen, suchen wir ihn zu Hause auf.« Der Kriminalhauptkommissar schüttelte vorwurfsvoll seinen Glatzkopf. »Jedes Mal derselbe Unfug ...«

Es waren immer die gleichen Rituale. Nachdem die Meldung über den Leichenfund eingegangen war, machte sich ein Pulk auf den Weg. Kriminalisten, Kriminaltechniker, Schutzpolizisten zur Sicherung des Tatortes setzten sich in Bewegung. Spuren suchen, Zeugen befragen, Umgebung absuchen. Es war der erste Fall an diesem Freitag, und dazu ein ziemlich kapitaler. Auf einer Müllhalde lag ein Mann mit zertrümmertem Schädel, sein Gesicht war kaum noch zu erkennen. Er trug Arbeitskleidung. Der Kommissar hatte mit einem Blick die Situation gleichsam fotografiert. Die Straße, keine hundert Meter lang, verband die Revaler Straße, die neben den Gleisen der Bahn verlief, mit der Holteistraße. Auf der linken Seite erhob sich ein einziger, ockerfarbener Wohnblock aus den zwanziger Jahren, an dem seit DDR-Tagen erkennbar nichts getan worden war. Zur Rechten, wenngleich eingezäunt, dehnte sich eine Brache mit Wildwuchs, auf der sie sich augenblicklich befanden.

Der hier einst stehende Wohnblock war vermutlich während des Krieges wegbombardiert und nicht wiederaufgebaut worden. Und so fein und innerstädtisch war die Gegend zwischen Modersohn- und Kynaststraße neben dem Gleisanlagen nicht, dass sich Investoren dafür interessiert hätten. Die Filetstücke befanden sich einige Hundert Meter weiter in der Rummelsburger Bucht, nicht hier, in dem einstigen Proletenviertel mit den engen Mietskasernen. Betongold ließ sich hier nicht schürfen. In dieser Ecke baute man nicht. Noch nicht. Bäume und Sträucher hatten in Jahrzehnten die beräumte Fläche besetzt und überwuchert. Die Natur eroberte sich sukzessive die Stadt zurück, wo man sie ließ. So war das eben. Aber das schien nur ein Zustand auf Zeit zu sein. Je mehr Menschen nach Berlin zogen, desto mehr Wohnungen wurden benötigt. Eines Tages würden auch hier Baugruben ausgehoben und Häuser errichtet werden. Konnte sein, dass das noch vor seiner Pensionierung geschah.

Der Kriminalhauptkommissar beugte leicht die Knie und den Oberkörper nach vorn. Er musterte den Toten intensiv, dann straffte er sich. Der Mann schien Anfang fünfzig zu sein, die Hände waren groß und schrundig, von schwerer Arbeit gezeichnet. Unter den abgebrochenen Fingernägeln war viel Schwarzes zu sehen, und auch sonst deutete bei Kleidung und Aussehen nichts auf ein geregeltes Leben hin, in welchem Ordnung geherrscht hatte.

»Und, was meinen Sie?«, erkundigte er sich bei seinem Lehrling. Die Frage war rhetorischer Natur, der Kriminalhauptkommissar hatte sich bereits sein Urteil gebildet.

»Könnte einer vom Bau gewesen sein.«

»Hm«, grunzte der Kommissar, »sehen Sie hier eine Baustelle?«

»Nein. Aber vielleicht ist der Fundort nicht der Tatort.«

Die Feststellung klang mehr wie eine Frage, sicher war der Anwärter sich nicht. Vielleicht lag es auch nur am mangelnden Selbstbewusstsein. Sein Mentor war ein anerkannter Kriminalist, eine Koryphäe, neben ihm fühlte sich der junge Mann wie ein Würstchen. Dabei hatte er keinen Grund für einen Minderwertigkeitskomplex, der Chef behandelte ihn kollegial und wie seinesgleichen, als wäre er schon wie dieser jahrzehntelang im Dienst. Der hatte sogar die »Wende« bruchlos überstanden. Klar, aus dem Oberleutnant der K hatte man einen Kommissar gemacht, aus den drei goldenen Sternen auf der Silberlitze war ein einziger gestickter auf dem Schulterstück geworden. Sofern man Uniform trug. Die Degradierung machte sich in der Bezahlung bemerkbar, doch die Berliner Polizeiführung war clever damit umgegangen. In den neunziger Jahren hatte sie Ostberliner Kollegen zum Dienst in den Westteil der Stadt kommandiert, wo die Bezüge höher lagen als im Osten. Nach einer gewissen Zeit schickte man sie wieder in den Osten, ins Niedriglohngebiet, zurück. Da nun aber die Beamten nicht weniger bekommen durften als bislang, bekamen sie weiter den Westtarif gezahlt. Und nach und nach hob man auch wieder die Dienstränge an. Nun also war sein Chef Kriminalhauptkommissar, und höher als KHK würde es nicht mehr gehen. Für den höheren Polizeidienst fehlte ihm die Qualifikation.

Der Glatzkopf nickte. »Könnte zutreffen.«

Ermutigt durch die Zustimmung legte der junge Assistent nach. »Auch die Arm- und Beinhaltung deutet darauf hin. Und natürlich der Fundort selbst. Keine Blutspuren. Nichts weist auf einen Kampf hin. Ich würde sagen: Die Leiche ist hier nur abgelegt worden.«

»Bingo«, sagte der Kommissar und klopfte dem Kollegen anerkennend auf die Schulter. »Und sonst?«

Der Angesprochene blickte ein wenig irritiert.

»Ich meine, was Ihnen sonst noch Bemerkenswertes aufgefallen ist?«

Die Pause dehnte sich. Eine S-Bahn ratterte vernehmlich vorüber, es folgte quietschend ein Regionalzug Richtung Ostbahnhof. Nein, eine ruhige Wohngegend war das nicht gerade.

»Tja, ich würde an meiner Ansicht festhalten wollen: Er sieht aus wie ein Bauarbeiter. Und zwar wie keiner von hier.«

»Sie meinen ein Ausländer?«

Der junge Mann nickte.

»Warum sollte man einen ausländischen Bauarbeiter erschlagen?« Der Kriminalhauptkommissar insistierte. Es bereitete ihm merklich Vergnügen, seinen Eleven zu examinieren. Immer streng nach den Regeln der Logik. »Bei so einem ist nichts zu holen.«

»Eventuell gab es Streit untereinander. Tötung im Affekt. Oder im Suff. Hat es ja schon wiederholt gegeben.«

»Denkbar. Aber so wie der verunstaltet ist, würde ich Affekt ausschließen wollen. Das Gesicht sollte nicht erkennbar sein, seine Identität wurde ausgelöscht.«

»Also Vorsatz«, sagte der Kriminalanwärter. »Meinen Sie daher, dass es sich um Mord handeln könnte?«

»Mord, Totschlag, das wissen wir nicht. Erst wenn der Gerichtsmediziner das Messer gewetzt hat, sind wir klüger. Und wenn wir seine Taschen ausgekehrt, die Einnäher in den Klamotten studiert und die Wäschemarken überprüft haben ... Aber die Auffassung, dass es sich um einen Ausländer handeln könnte, teile ich. Und, welche Himmelsrichtung?«

»Polen?«

»Das ist keine Himmelsrichtung, sondern ein Staat.« Tadelnd wackelte der Glatzkopf überm Trenchcoat.

»Eher Ost- als Südeuropa.«

»Und warum nicht Westeuropa? Auf den hauptstädtischen Baustellen sind viele Portugiesen und Spanier unterwegs.«

»Dafür ist mir der Teint des Toten zu hell«, sagte der Kriminalanwärter und reckte das Kinn vor. »Ich tippe auf Osteuropa. Und ich tippe auf Schwarzarbeiter.«

»Kein Asylbewerber?«

»Auch möglich. Ein Antragsteller, der schwarz arbeitet.«

»Gearbeitet hat«, sagte der Kriminalkommissar leicht belehrend, »schwarz gearbeitet hat. Was sollen diese Leute auch die ganze Zeit machen? Warten und Däumchen drehen?« Er machte eine Pause. »Mal angenommen, wir liegen mit unserer Vermutung richtig, dass es sich bei dem Toten um einen Schwarzarbeiter aus Osteuropa handelt, was folgt daraus?«

»Dass wir eine Spur haben?«

»Eine Annahme oder ein Verdacht ist keine Spur, allenfalls ein Anfang, wo wir zu suchen beginnen können. Also, Herr Kollege, was schlagen Sie vor?«

»Alle Baustellen abklappern, wo ein Mann vermisst wird.«

»Unsinn. Dort werden Sie nichts erfahren. Die Unternehmen belasten sich doch nicht selbst. Weiter.«

Der junge Mann grübelte, man sah förmlich, wie es hinter seiner Stirn arbeitete.

»Keine Idee?«

»Mal angenommen, er ist ein Asylbewerber aus Osteuropa. So viele Staaten kommen da wohl kaum in Betracht. Russland, Ukraine, Weißrussland …«

»Richtig. Und wenn's ein Illegaler ist? Der ist nirgendwo registriert. Dann wissen wir überhaupt nichts, er bleibt ein unbekannter Toter. Der wird eingeäschert, seine Urne kommt in ein anonymes Grab. Und wir schließen die Akten, ehe es überhaupt ein Fall geworden ist.«

»Sehen Sie doch nicht immer gleich so schwarz, Herr Kriminalhauptkommissar. Wir sollten, wenn wir schon nicht die Baustellen abklappern möchten, die Personenbeschreibung und ein Foto des Toten – nach entsprechender Bearbeitung im Computer – an die Meldeämter geben. Und«, er ergriff mit der Gummihand die Hand des Toten und drehte diese um, »wir können Fingerprints nehmen und sie abgleichen. Kann ja sein, dass die irgendwo gespeichert sind.«

Die Überlegungen der beiden liefen in die gleiche Richtung. Vermutlich deshalb, weil der Weg eines Flüchtlings gut zu rekonstruieren und seine Identität damit leicht festzustellen war. Wer in Berlin strandete, meldete sich als Erstes in Tempelhof am Columbiadamm im sogenannten Ankunftszentrum. Danach wurde jeder Ankömmling vom Landesamt für Flüchtlingsangelegenheiten als Asylbewerber registriert und vermessen. In Berlin geschah das an mehreren Standorten. Man fotografierte ihn und speicherte die Fingerabdrücke, ebenso die Angaben zur Person, zu Herkunft und Sprache. Anschließend erfolgte eine medizinische Untersuchung. Danach wurde der offizielle Antrag auf Asyl beim Bundesamt für Migration und Flüchtlinge gestellt. Allein das BAMF prüfte und entschied, ob dem Antrag stattgegeben wurde oder nicht. Das konnte dauern, was immer wieder Anlass für Beschwerden von verschiedener Seite war. Das Bundesamt verfügte ferner, welches Bundesland den Antragsteller aufzunehmen hatte.

Während des Asylverfahrens kam das Bundesland für den Unterhalt auf. Der Flüchtling lebte dort in einer sogenannten Erstaufnahmeeinrichtung oder in einer Notunterkunft, erhielt drei Mahlzeiten am Tag, etwas Taschengeld, ein drei Monate gültiges Ticket für den öffentlichen Nahverkehr, von der Bevölkerung gespendete Kleidung und zwei Mal im Jahr Bekleidungsgeld, und er wurde auch medizinisch versorgt. Während des Asylverfahrens durfte er nur in der Unterkunft oder in einem Verein gemeinnützige Arbeit verrichten, doch mehr als 84 Euro im Monat durfte er nicht verdienen. Dies aber war das größte Problem: die Verpflichtung zur Untätigkeit. Alles war geregelt, auch das Nichtstun.

Natürlich konnten die Ermittlungen in diesem Bereich ohne Ergebnis verlaufen, doch es war der Anfang des Fadens, den die Kriminalisten aufnehmen würden. Und vielleicht fanden sich auch Zeugen, die etwas gesehen hatten.

»Wenn er nun einmal hier ist, sollten wir noch mal mit dem Herrn reden, der uns angerufen hat«, sagte nach einer Weile des Sinnierens der Stiernacken. Er lenkte seine Schritte zu dem Mann am Zaun. Sein Assistent folgte ihm, ohne dazu aufgefordert worden zu sein.

Der Mann mit dem Hund, eine Promenadenmischung mit Steuermarke am Halsband, lächelte mühsam, als sich die beiden ihm näherten. Seit geraumer Zeit harrte er bereits aus. Zwar fand er das Treiben der Kriminaltechniker zunächst unterhaltsam. Doch was in Fernsehkrimis auf wenige Minuten komprimiert wurde, dehnte sich hier über Stunden. Und dabei zuzuschauen wurde zunehmend langweiliger. Quadratzentimeterweise suchten die Männer das Gelände ab, jedes Fitzelchen wurde geprüft, markiert, dokumentiert, fotografiert und in eine Plastiktüte versenkt in der Annahme, dass es mit dem Toten in Verbindung stehen könnte. Der Hund zog an der Leine, er fand die Sache schon lange nicht mehr so erbaulich wie am Anfang. Und dem Rentner schmerzten vom langen Stehen zunehmend die Beine, auch wenn er sich ab und an gegen einen Baum lehnte, um sie zu entlasten. Er hatte schon wiederholt zu Hause angerufen und seiner Frau erklärt, weshalb sich seine Rückkehr verzögere. Sie hatte ihn energisch aufgefordert, sich nach Hause zu scheren. Wenn die Polizei ihn unbedingt zu sprechen wünsche, wisse sie, wo er zu finden wäre. Doch in diesem Punkt hatte der Mittsiebziger gänzlich andere Auffassungen über seine staatsbürgerliche Verantwortung.

Die beiden Kriminalisten bauten sich vor ihm auf, zückten ihre roten Dienstausweise und hielten sie dem Rentner unter die Nase. Ehe der die Plastikkärtchen studieren konnte, verschwanden sie bereits wieder in den Taschen.

»Sie haben den Toten gefunden?« Der Kriminalhauptkommissar kam gleich zu Sache.

Der Rentner nickte. »Exakt 9.10 Uhr. Ich war mit meinem Hund Gassi, der schlug an, als er in der Grünanlage umherstreunte.«

»Sie sind Anwohner?«

»Ja.« Er zeigte in Richtung Holteistraße.

»Haben Sie vorher etwas bemerkt?« Die Fragen kamen im Stakkato.

»Was sollte ich bemerkt haben?«

»Personen, die auf dem Gelände unterwegs waren, Autos, auffällige Stimmen und dergleichen.«

»Nee, nichts. Es war wie an jedem Morgen. Berufsverkehr zwischen acht und neun Uhr. Danach gehe ich mit dem Hund runter. Also ich habe nichts Besonders bemerkt.«

»Auch nicht in der Nacht?« Der Kriminalpolizeianwärter meldete sich nunmehr ebenfalls zu Wort.

Der Alte schüttelte den Kopf. Das Schlafzimmer läge hinten raus, das heißt, die Fenster gingen zum Hof. Da würde man nichts von der Straße hören. Selbst wenn morgens die Müllabfuhr übers Kopfsteinpflaster rumpelte und die BSR-Männer sich anbrüllten wie die Bierkutscher, dass die Fensterscheiben klirrten. Auch dann herrsche friedliche Ruhe in seinem Schlafzimmer.

Der Kriminalhauptkommissar fuhr sich mit der flachen Hand über den Schädel. In der Bewegung drückte sich Ernüchterung und Enttäuschung aus. Aber hatte er wirklich verwertbare Hinweise erwartet? »Okay, das war's dann, vielen Dank. Sie haben vorhin meinen Kollegen bereits Ihre Adresse gegeben?«

Der Rentner nickte. »Hab ich.«

»Wir melden uns bei Ihnen, sofern es erforderlich ist. Das glaube ich aber erst einmal nicht. Auf Wiedersehen.«

Und dafür habe ich nun zwei Stunden gewartet, dachte der Alte und wandte sich zur Straße, um zu gehen. Der Hund zog an der Leine, er wusste, es ging nach Hause.

Die beiden Kriminalisten entfernten sich ebenfalls vom Ort des Leichenfundes, nachdem sie sich bei ihren Kollegen von der Kriminaltechnik verabschiedet und ihnen die Dringlichkeiten mitgeteilt hatten. Das Übliche also, denn es gab vermutlich keinen Fall in der jüngeren Kriminalgeschichte, bei dem die Ermittler ihren Zuarbeitern ausdrücklich eine langsame Verrichtung angeraten hätten. Immer musste rasch und unverzüglich das dokumentierte Material auf den Rechner gestellt werden, um zügig damit arbeiten zu können: Fotos, Fingerabdrücke, besondere Kennzeichen und so weiter.

Allerdings machten die Ermittler in den Tiefen der Taschen des Toten einen besonderen Fund. Wären sie Geologen, hätte man behaupten können, sie seien auf eine Goldader gestoßen: Sie fanden in einer Hosentasche ein kleines Mobiltelefon. Entweder hatten die oder der Täter es nicht bemerkt, worauf einiges hindeutete, oder er oder sie waren so dämlich gewesen, seine Bedeutung zu unterschätzen. Ein Handy war wie ein offenes Buch. Selbst bei Prepaid-Handys ohne Verträge konnte man die telefonischen Kontakte auslesen.

In der Inspektion entstand im Laufe des Nachmittags ein passables Konterfei des Toten. Dieses wurde, zusammen mit Angaben zur aufgefunden Person und deren Fingerprints, an die infrage kommenden Behörden übermittelt. Der Leiter der 6. Mordkommission, Kriminalhauptkommissar Bernhard Jaß, wollte, bevor alle Ämter ins Wochenende eintreten würden, noch Resultate haben.

Und die Kriminalisten hatten Glück. Binnen vierundzwanzig Stunden konnten sie mit Hilfe der Fingerabdrücke die Identität der aufgefundenen Person feststellen. Der Mann war dem Zoll im Dezember bei einer Razzia auf einer Baustelle in die Fänge geraten und damals erkennungsdienstlich behandelt worden, das volle Programm. Nachdem alle Daten gespeichert waren, hatte man ihn wieder laufen lassen. Bei diesem Mann handelte es sich zweifelsfrei um Alexej Loschkov, Jahrgang 1953, Bürger der Ukraine.

Der Zoll kontrollierte zunehmend in den Branchen, die vorzugsweise illegale, also nicht angemeldete Arbeitskräfte beschäftigten. Auffällig waren Baustellen, Gaststätten und Gebäudereinigungsunternehmen sowie Betriebe in der Land- und Forstwirtschaft. Dem Fiskus gingen durch unangemeldete Arbeitsverhältnisse nicht nur Steuereinnahmen verloren. Die Schwarzarbeiter waren weitgehend rechtlos und der Willkür des Arbeitgebers ausgeliefert, sie wurden oft gnadenlos ausgebeutet. Und objektiv verhinderten sie reguläre Arbeitsplätze, indem sie die Arbeit machten, die sie nicht machen durften. Dieses kriminelle Vorgehen war primär natürlich zunächst den Schwarzarbeitgebern anzulasten. Doch diese Unternehmer handelten nicht unbedingt aus freien Stücken so: Die gnadenlose Konkurrenz zwang sie zur Kostenminimierung, um noch billiger als die sogenannten Mitbewerber zu produzieren oder deren Angebote zu unterbieten. Sie waren also Opfer und Täter zugleich. In ganz Deutschland bekämpften über sechstausend Finanzkontrolleure Schwarzarbeit und illegale Beschäftigung. Doch sie bekämpften Symptome, nicht die eigentlichen Ursachen. Und es war der klassische Wettlauf zwischen Hase und Igel.

In Loschkovs Falle erwies sich die Kontrolle einer konkreten Berliner Baustelle als hilfreich. Der Ukrainer war dort als schwarzarbeitender Asylantragsteller festgestellt und registriert worden. Und dann geschah, was immer in solchen Fällen geschieht: Man ließ ihn gehen, und der Betrieb, der ihn beschäftigt hatte, bekam ein Bußgeld aufgebrummt.

Aus den Rückmeldungen ließ sich zwar die Identität des Mordopfers feststellen, nicht aber das Mordmotiv oder eine Spur zu seinem Mörder. Doch immerhin: Die Kriminalisten waren einen Schritt weiter. KHK Jaß konnte darum am Samstag die Presse informieren, dass die Identität des am Freitagmorgen in der Helmerdingstraße 4 aufgefundenen unbekannten Toten inzwischen ermittelt worden sei. Und er teilte weiter mit: »Laut Obduktion wurde Loschkov am Donnerstagabend ermordet. Sein Kopf wurde zertrümmert. Er wurde allerdings nicht am Fundort getötet.« Die Täter – der Leiter der 6. Mordkommission benutzte bewusst den Plural, obgleich es dafür keine eindeutigen Belege gab – hätten in der Nacht die Leiche auf dem Grundstück abgelegt, und er schloss mit der Ansage: »Die Mordkommission fragt: Wer hat in dieser Nacht in der Helmerdingstraße verdächtige Fahrzeuge oder Personen beobachtet? Hinweise bitte an 030-4664911 601.«

Die am Sonntag in Berlin erscheinenden Tageszeitungen vermeldeten, je nach Charakter des Blattes, die Nach-

Hanfparade in Berlin, 12. August 2017

richt entweder im Polizeireport mit Foto (»Wer kennt Alexej Loschkov?«) oder knallig auf der ersten Seite. Der *Berliner Kurier* zum Beispiel titelte: »Der Gruselmord von Friedrichshain: Er hatte Asyl beantragt, war Schwarzarbeiter.«

Der Aufruf, eventuelle Beobachtungen zu melden, brachte nichts Verwertbares. Niemand hatte etwas in der Nacht bemerkt, keiner etwas Auffälliges beobachtet. Auch die Ermittlungen auf Berliner Baustellen liefen ins Leere. Die in der ersten Pressemitteilung gemachte Aussage, man gehe davon aus, »dass Loschkov bis zu seinem Tod als Bauarbeiter gearbeitet hat«, musste angesichts der ergebnislosen Suche jedoch in Zweifel gezogen werden. Gewiss, die Kriminaltechnik hatte an der Kleidung Anhaftungen von Zement, Kalk und anderen Baustoffen gefunden, deren Herkunft unzweideutig waren. Doch die Tatsache, dass Loschkov auf den aufgesuchten Baustellen und in Wohnquartieren nicht bekannt war, musste nicht zwingend bedeuten, dass man ihn aus Angst verleugnete. Es konnte auch eine andere Erklärung geben: Loschkov konnte auch im Berliner Umland gearbeitet haben.

Die Ermittlungen wurden also ausgedehnt. Baustellen in Potsdam, Nauen, Oranienburg, Bernau, Vogelsdorf, Erkner, Zeuthen und Teltow rückten ins Visier, was natürlich einen erheblichen bürokratischen Aufwand bedeutete. Der Speckgürtel Berlins erstreckt sich ins Land Brandenburg. Die Fusion der beiden Länder war 1996 am Widerstand Brandenburgs gescheitert.

So mussten die Berliner Ermittler im Fall Loschkov erst einmal diverse Ländergrenzen überwinden und diverse Anträge formulieren.

Im sächsischen Torgau, keine zweihundert Kilometer südlich von Berlin gelegen, brütete mal wieder Kriminalhauptkommissar Hartmut Zerche über den Akten. In den vergangenen Jahren waren wiederholt die Strukturen in der kommunalen Verwaltung und bei der Polizei verändert worden. Ständig passierte zwar etwas und suggerierte Veränderung, aber das waren keine inhaltlichen Neuerungen und Aufbrüche. Es gehe um die Erhöhung der Effizienz, hieß es immer. Natürlich ging es darum. Aber nicht Effizienz bei der polizeilichen Tätigkeit, sondern um vornehmlich die Personalkosten zu senken. Erst war der Landkreis Torgau mit dem benachbarten Landkreis Oschatz zusammengelegt worden, dann kam noch der Kreis Delitzsch hinzu.

Bei den Ordnungskräften hatte die fortschreitende Konzentration dazu geführt, dass 2005 aus der Polizeidirektion Torgau die Polizeidirektion Westsachsen geworden war, später, 2013, sollte es die Außenstelle Torgau der Polizeidirektion Leipzig werden. Auch für die Kriminalinspektion Torgau hatte dies Konsequenzen. Aktuell leitete Zerche seit 2005 das Kommissariat II in der Polizeidirektion Westsachsen, und das war zuständig für Jugendkriminalität und Eigentumsdelikte, für Banden- und Rauschgiftkriminalität. Kriminalhauptkommissar Hartmut Zerche gehörte inzwischen zu den kompetentesten Kriminalisten im Lande. Und die sächsischen Ermittlungsbehörden profitierten von seinen Erfahrungen.

Zerche hatte Anfang der neunziger Jahre mit zwei Kollegen in Torgau ein Rauschgift-Kommissariat aufzubauen begonnen, das seither personell gewachsen war, jedoch nicht in dem Maße, wie es erforderlich gewesen wäre. Und sie waren zwar im Westen wiederholt geschult worden, weil man dort schon länger im Umgang mit Rauschgiftkriminalität und deren Bekämpfung trainiert war. Ihnen waren auch durchaus nützliche Druckschriften und Handreichungen übergeben worden. Doch war das erstmals 1975 als »Vertrauliche Dienstsache« des Ministeriums des Innern veröffentlichte Handbuch »Suchtmittel. Wirkungsweise, Forensische Bedeutung, Schnellnachweis« unverändert das substanziellste auf diesem Gebiet. Die fast zweihundertseitige Druckschrift war von einer Arbeitsgruppe Suchtmittel- und Drogenwirkung am Institut für Gerichtliche Medizin und Kriminalistik der Leipziger Karl-Marx-Universität erarbeitet worden. Natürlich stellte sich die Frage, weshalb die von Drogenproblemen gänzlich unberührte DDR Mitte der siebziger Jahre auf die abwegige Idee gekommen war, ein solches Fachbuch erarbeiten zu lassen.

Die Antwort lag auf der Hand. Die beiden deutschen Staaten waren 1973 gemeinsam und gleichberechtigt in die UNO aufgenommen worden. Die DDR verstand sich fortan als Teil der internationalen Völkergemeinschaft und damit auch für globale Probleme mitverantwortlich, selbst wenn diese im eigenen Lande keine Rolle spielten, und wollte an der Lösung großer Menschheitsfragen mitwirken. Und Drogen – Produktion, Verbreitung und deren wirksame Bekämpfung – waren nun mal wichtige Themen. Also wurden der Leipziger Obermedizinalrat Prof. Dr. Wolfgang Dürwald und Medizinalrat Prof. Dr. Horst Hunger von der Medizinischen Akademie Erfurt beauftragt, einige Toxikologen und Gerichtsmediziner für ein solches Projekt um sich zu versammeln.

Die fünf Fachleute, die am Ende die Arbeit machten, beriefen sich in ihrem Vorwort ausdrücklich auf das seit dem 1. Januar 1974 in der DDR geltende Suchtmittelgesetz, das »den Empfehlungen und Forderungen der UNO, der WHO und der Interparlamentarischen Union für die Gestaltung des nationalen Rechts« folgte. Die DDR bekannte »sich damit zur Mitarbeit an der internationalen Bekämpfung der Rauschgiftsucht und zur Einhaltung der dafür in den zwischenstaatlichen Beziehungen erforderlichen Regeln«. So hatte es Gesundheitsminister Mecklinger erklärt und zugleich auf die Botschaft von UNO-Generalsekretär U Thant verwiesen, der schon 1970 gewarnt hatte, dass »der Missbrauch von Suchtstoffen epidemische Ausmaße erreicht hat und geradezu eine weltweite Drohung geworden ist«.

In der DDR stand »jeglicher Missbrauch von Suchtmitteln« wegen der Gefahren »für den einzelnen Bürger und die gesamte Gesellschaft« unter Strafe. »Der Verkehr mit besonders gefährlichen Suchtmitteln wie Cannabis (Haschisch, Marihuana), Heroin und LSD ist grundsätzlich untersagt. Andere Suchtmittel, die nach wie vor zur Linderung von Schmerzen und für medizinische Behandlungsmaßnahmen sowie zu veterinärmedizinischen Zwecken benötigt werden, dürfen ausschließlich nur an Verbraucher unter Einhaltung gesetzlich geregelter Verschreibungen und Anwendungen abgegeben werden.«

Das, was seit den siebziger Jahren in der DDR gegolten hatte, wurde auch in der Bundesrepublik 1981 mit dem »Gesetz über den Verkehr mit Betäubungsmitteln« formuliert. Das war die heute gültige Rechtsgrundlage, auf der Kriminalisten wie Zerche handelten. Der dabei das Lehrbuch von gestern benutzte. Denn das war unübertroffen, was ihm gelegentlich westdeutsche Kollegen, die verwundert darin blätterten, bestätigten. Er selbst, auch das gehörte zur Wahrheit, hatte sich das Buch erst nach 1990 besorgt, als er das Kommissariat in Torgau aufzubauen begann.

Das Telefon läutete, und entgegen seiner Gewohnheit griff Zerche schon nach dem ersten Schellen zum Hörer. Die rasche Reaktion konnte man durchaus als Indiz dafür nehmen, dass Zerche beim Aktenstudium dankbar jede Abwechslung annahm. Selbst wenn es sich dabei um ein lästiges Telefonat handelte.

»Zerche.«

Es meldete sich eine Stimme, deren Tonfall und Lautfärbung keinen Zweifel daran ließen, dass der Anrufer wirklich und wahrhaftig in der Hauptstadt saß, wie er erklärte. Zerche hatte lange genug in Berlin gearbeitet, um so etwas augenblicklich zu erkennen.

»Herr Kollege ...«

Hanfparade in Berlin, 12. August 2017

Bei Zerche richteten sich die Nackenhaare auf. Eine solche Anrede schuf nicht nur eine Distanz, sie wies vorsätzlich auf einen Unterschied hin. Er war es gewohnt, auf Augenhöhe mit Kollegen zu verkehren, nicht mit »Herren«. Er ließ also den Anrufer reden. Der berichtete, dass sie auf einem unbewachten Gelände in Friedrichshain einen Toten gefunden hätten, der allem Anschein nach ermordet worden sei. Die Person sei identifiziert, es handele sich um einen ausländischen Bürger, der in Berlin vor einigen Monaten einen Asylantrag gestellt habe.

In den Tiefen von Zerches Erinnerung leuchtete auf einmal ein Lämpchen. Die Stimme schien ihm irgendwie vertraut, nicht ganz so fremd wie ursprünglich angenommen. Hatte er den Namen richtig verstanden? Er rief in die Muschel, fragend und erfreut zugleich: »Sag mal, Kretsche, bist du das?«

Nach einer Pause kam zögernd zurück. »Ich bin Kriminaloberrat Kretzschmar. Und wer sind Sie?«

Für Zerche bestand nunmehr kein Zweifel, wen er da an der Strippe hatte. »Ey, Alter, wir waren zusammen an der 2. Oberschule in Torgau. Und dann haben wir uns wieder in Berlin getroffen, in der Keibelstraße. Schon vergessen?«

Nun schien es auch Kretzschmar zu dämmern, der so wenig wie Zerche den Namen des anderen bewusst registriert hatte. Die Freude über das Wiederhören währte jedoch nicht lange, die beiden gingen alsbald zum Dienstlichen über, also dem Anlass des Anrufes, wobei natürlich die alte Bekanntschaft die Sache erheblich erleichterte.

»Der Tote hatte ein Handy in der Hosentasche. Das haben unsere Leute ausgelesen. Am häufigsten hat sich der Anrufer im Raum Wermsdorf eingeloggt, das gehört zu Wurzen und damit zu eurem Polizeibereich, wenn ich das richtig sehe. Oder hat es schon wieder eine Strukturreform bei euch gegeben?«

Zerche feixte. Es habe sich wohl schon bis nach Berlin herumgesprochen, dass hier ständig neu gewürfelt werde. Er habe aber Glück: Erst 2008 solle Wurzen zu Leipzig kommen, aktuell gehöre Wermsdorf-Wurzen noch zur Torgauer Polizei.

Der Anrufer wiederholte: »Im *Raum* Wermsdorf. Das heißt also im Umkreis von einigen Kilometern.«

»Schon verstanden. Ich weiß allerdings noch immer nicht, was genau du von mir willst.«

»Nun wart's mal ab.« Schon zum zweiten Mal kam diese Floskel, die Zerche ein wenig verärgerte. »Ich werde es dir gleich erklären.«

»Da bin ich aber gespannt.«

»Das kannst du auch sein.« Die Stimme aus Berlin klang normal, Kretzschmar reagierte nicht auf Zerches ungehaltenes Drängen, er hatte nur noch wenige Jahre bis zur Pension und verfügte offenbar in höherem Maße als Zerche über die Gelassenheit des Alters.

»Wir haben das Handy ausgelesen. In den SMS taucht wiederholt die Wendung ›lustige Rosen‹ auf. Und an der Kleidung des Toten fanden wir Spuren von Cannabis.«

Zerche lachte kurz auf. Diese Bezeichnung für »Gras« hatte er noch nie gehört. In der Szene sprach man bisweilen von »Marie-Johanna«, »Marie und Johnny« oder »Marjorie«, wenn man Marihuana meinte. Aber »lustige Rosen«? Da schien mit jemandem die gärtnerische Fantasie durchgegangen zu sein. Wenn sich's denn so verhielte, wie der Anrufer vermutete. Der hielt augenblicklich inne, als er Zerches Heiterkeit vernahm.

»Was lachst du?«

»Schon gut«, wiegelte Zerche ab. »Lustige Rosen, da muss man doch kichern. Was folgt daraus?«

»Wenn der Tote Eigentümer des Handys war und es nicht geklaut war, müssen wir davon ausgehen, dass er sich in der Wermsdorfer Gegend herumgetrieben hat.«

»Und wie kommt er dann nach Berlin?«

»Siehst du: Das ist eine Frage, die uns momentan sehr beschäftigt, und ihr in Torgau könnt uns bei deren Beantwortung behilflich sein. Er ist dort, wo wir ihn fanden, nicht getötet worden. Das steht fest. Der Mann kann in Berlin erschlagen worden sein oder eben auch woanders. Aber eben nicht dort, wo wir ihn gefunden haben.«

Zerche reagierte sofort. »Ihr denkt doch nicht etwa an Wermsdorf und Umgebung? Das ist ja nun völlig absurd. Niemand fährt eine Leiche über hundert Kilometer, um sie auf einer öffentlichen Brache in Berlin abzulegen. Wenn das Verbrechen dort passiert wäre, hätte man – wie hieß der gleich ...?«

»Loschkov mit Vau.«

»Also dieser Loschkov mit Vau wäre in einem der Sümpfe und Moore, die es in dieser Gegend reichlich gibt, versenkt worden. Den hätte man dort nie gefunden. Da müsste einer schon ziemlich dämlich sein, schaffte er eine Leiche von dort nach Berlin.« Zerche schlug sich vernehmlich an die Stirn. »So bescheuert ist nicht einmal der blödeste Ganove.«

»Sag das nicht, selbst bei den Kriminellen sinkt unablässig der IQ.«

»Wem sagst du das?« Zerche stöhnte vernehmlich. Die Liste der Blödheiten war lang, die er hätte aufzählen können. Auf der anderen Seite erleichterte das natürlich den Ermittlern die Arbeit. Etwa das Handy in der Hosentasche dieses Ukrainers. Früher versuchten Täter noch, ihre Spuren zu verwischen, heutzutage lieferten sie die elektronischen Beweise gleich mit.

»Hartmut, ich frage mal direkt: Habt ihr Erfahrungen mit illegalen Hanfplantagen?«

»Natürlich nicht. In meinem Garten wächst nur Gemüse.«

»Du weißt schon, was ich meine.«

Die Stimme klang ernst, der Anflug von Heiterkeit, der sich in den Dialog gedrängt hatte, schien verflogen. Zerche stemmte sich Zeit seines Berufslebens dagegen, dass ihn Widerwärtigkeit und Grausamkeit übermannten, mit denen er konfrontiert wurde. Er wollte nicht verhärten. Deshalb bemühte er sich um eine gewisse Leichtigkeit in Lebensfragen, auch wenn ihn Ernst umwölkte. Er wollte kein Berufsopfer werden, das düster und verbittert durchs Leben schritt. Von dieser Sorte kannte er inzwischen etliche. Die einen ertränkten ihren Kummer in der Flasche, die anderen in Zynismus. Und wieder andere sehnten den Tag herbei, an dem sie in Pension gehen würden.

»Ja, auch bei uns gibt es leerstehende LPG-Ställe und NVA-Objekte, wo sich Hanfbauern versuchen. 2004 haben wir die erste Plantage ausgehoben.«

»Wir verstehen uns.«

»Falls du nun wissen willst, ob wir einen solchen Landwirtschaftsbetrieb in der Wermsdorfer Gegend bereits auf dem Schirm haben: Bedaure, Fehlanzeige. Dort nicht.«

»Nicht?« Der Berliner und Ex-Torgauer wiederholte die Feststellung und fügte ein Fragezeichen an, um seiner Aufforderung das Bett zu bereiten, Zerche möge sich dort mal ein wenig umtun und nach »lustigen Rosen« Ausschau halten.

»Können oder sollen«, erkundigte sich Zerche, weil ihm diese Einladung zu vage war.

»Ich kann dich nur darum bitten. Also Amtshilfe und ein Tipp von mir, um einen eigenen Beitrag zur Aufklärung eines Verstoßes gegen die Bestimmungen des Betäubungsmittelgesetzes leisten zu können.«

»Verstehe«, sagte Zerche. »Dann bedanke ich mich für den kollegialen Hinweis, dem wir unbedingt und umgehend nachgehen werden. Wie erreiche ich dich, Herr Kriminaloberrat?«

Er notierte die Telefonnummer seines einstigen Klassenkameraden und legte auf. Dann rief er seine beiden Kollegen vom Kommissariat II, mit denen er vor nunmehr fast anderthalb Jahrzehnten das »Rauschgiftdezernat« in Torgau aufgebaut hatte. KHK Zerche informierte sie in seiner kleinen Mansarde unterm Dach der Polizeidirektion, die mal eine Kaserne war. Erst waren hier die kaiserlichen Truppen untergekommen, dann Hitlers Wehrmacht, und nach dem Krieg die Rote Armee. Die Sowjetsoldaten zogen 1994 ab, dann stand das Objekt geraume Zeit leer und verfiel. Danach wurde mit großem Aufwand saniert und aus dem Kasernenobjekt der Husarenpark mit Mietwohnungen und diversen Einrichtungen. Auch die Polizei bekam zwei Blöcke am Rand ab.

Zerche schlug vor, dass man sich zu dritt am nächsten Morgen nach Wermsdorf auf den Weg machen sollte. Bisher lag aus dieser Gegend keine Meldung vor, die den Verdacht einer Plantage, einer Crystal-Meth-Küche oder dergleichen geweckt oder gar genährt hätte. Auf der imaginären Drogenkarte des Landes Sachsen glänzte diese Stelle unschuldig weiß. Sie müssten ganz von vorn beginnen: Die Gegend rekognoszieren, mit Menschen vor Ort sprechen, Nachforschungen auf der untersten Ebene anstellen. Zerche gefiel solche operative Arbeit und er bedauerte, dass dafür immer weniger Zeit blieb. Er kam mit Menschen zusammen und erfuhr, was ihnen wichtig war, wie sie die Gegenwart wahrnahmen und reflektierten. Er verfügte über ausreichend Menschenkenntnis, um zu bemerken, wann ihm die Taschen vollgehauen wurden und wann nicht. Er besaß ein angeborenes Gespür dafür, ob ihn einer an der Nase herumführen wollte, die Unwahrheit sagte oder Ausflüchte suchte, und er hatte gelernt, an diesen Stellen anzusetzen und nachzubohren, um zu Hinweisen und Erkenntnissen oder gar zu Geständnissen zu gelangen.

Bevor sie sich auf den Weg machten, rief Zerche in Chemnitz an. Dort saß die envia Mitteldeutsche Energie AG (enviaM), als Stromanbieter Platzhirsch in der Region. Die enviaM-Gruppe versorgte rund 1,4 Millionen Kunden mit Strom, Gas, Wärme und energienahen Dienstleistungen. Aus früheren Fällen wusste er, dass dies die erste Adresse war, wo er ansetzen musste. Hanfplantagen benötigten Energie, sehr viel Energie, was durchaus vom Anbieter registriert werden konnte. Wenn plötzlich da oder dort der Verbrauch auffällig anstieg, machte sich das in den Messkurven des Stromflusses bemerkbar.

Zerche musste mehrmals sein Ansinnen am Telefon vortragen, ehe er an der richtigen Stelle landete. Und auch diese zögerte mit der Preisgabe von Zahlen mit Hinweis auf Datenschutz und Firmengeheimnisse. Dann aber hatte Zerche die Person so weit bezirzt, dass sie nachgab, zumal er sich darauf berufen konnte, schon einmal in dieser Sache von enviaM Auskunft bekommen zu haben. Er wollte ja nicht die Kilowattstunde mit Name und Hausnummer genannt haben, sondern lediglich Auskunft, ob es in den letzten Monaten im Wermsdorfer Raum auffällige Zuwächse beim Stromverbrauch gegeben habe. Oder ob dem Stromanbieter andere Merkwürdigkeiten aufgefallen seien.

Ja, schon, sagte die freundliche Dame. Bei der Überprüfung im Februar seien etliche Zehntausend Kilowattstunden mehr gezogen worden als bei der Kontrolle 2006, ohne dass es dafür eine Erklärung gegeben habe. Keine neuen Verbraucher, keine Expansion bestehender Unternehmen, nichts. Aber deutlich mehr Energieverbrauch. Und nein, sie könne nicht sagen, welcher Kunde zum Stromfresser geworden sei. Und selbst wenn sie es wüsste, dürfte sie es ihm nicht mitteilen. Betriebsgeheimnis, sagte die Dame im schönsten Chemnitzer Sächsisch, und Zerche spürte, wie sie dabei lächelte.

»Stromdiebstahl?«, fragte der Kriminalhauptkommissar.

»Vielleicht«, antwortete sie, und Zerche ahnte, dass sie wieder lächelte und er mit seiner Vermutung nicht falsch zu liegen schien. Er wusste, dass die Hochleistungslampen, die vierundzwanzig Stunden am Tag brannten, mehr Strom zogen, als normale Steckdosen hergaben. Deshalb bedienten sich die Hobbygärtner oft an fremden Leitungen. So blieben sie unerkannt und überdies vor hohen Stromrechnungen sicher.

»Sie müssen mir ja nicht verraten, wer Sie konkret beklaut. Es genügt bereits, wenn Sie mir einen Hinweis geben. Welche Straße oder welches Dorf? Den Rest kriegen wir allein heraus.«

Die Mitarbeiterin von enviaM zögerte. Zerche ermunterte sie. Niemand würde davon erfahren. Und sie müsse auch kein schlechtes Gewissen haben, denn sie handele nicht gegen das Gesetz, sondern würde dafür sorgen, dass die Gesetze durchgesetzt werden würden. Und als der Appell an die Verantwortung zur Durchsetzung der Demokratie nicht fruchtete, zog Zerche seine letzte Karte.

»Letztlich profitiert Ihr Unternehmen davon, wenn wir einen Energiedieb zur Strecke bringen. Da klatschen Ihnen die Aktionäre Beifall, glauben Sie mir!«

Jetzt lachte die Frau. »Wissen Sie, dass mir das scheißegal ist?«

»Mir auch«, entgegnete Zerche. Er liebte ordentliche, solide Arbeit, an deren Ende man angemessen entlohnt wurde. Wetten auf Wertsteigerung zur Erzielung virtueller Gewinne lehnte er ab. Wenn im Fernsehen Nachrichten vom Börsenparkett liefen oder am unteren Rand die Streifen mit den Aktienkursen durchliefen, schaltete er ab. Nur jeder siebte deutsche Staatsbürger über 14 besaß Aktien, wusste Zerche. Das waren weniger als neun

Millionen Menschen. Und trotzdem meinten die Fernsehgewaltigen, allen Zuschauern solche Informationen unbedingt liefern zu müssen. Auch die Tageszeitungen füllten mit Aktienkursen ganze Seiten ... Dort konnte man umblättern. Wenn man jedoch auf die »Tagesschau« wartete, musste man den Quatsch ertragen.

»Also, Teuerste«, flötete Zerche mit honigsüßer Stimme, »wo gab's die größten Ausschläge auf dem Stromzähler?«

Nach einer kurzen Pause kam die Auskunft. »Versuchen Sie es mal in Sachsendorf.«

»Jedes Dorf in Sachsen ist ein Sachsendorf«, entgegnete der Kriminalhauptkommissar.

»Ja, aber die Gemeinde heißt wirklich so. Liegt auf halbem Wege zwischen Wermsdorf und Wurzen.«

»Und dort ging im Februar der Verbrauch auffällig in die Höhe?«

»Ob er erst in jenem Monat angestiegen ist, weiß ich nicht. Kann auch schon früher passiert sein. Wir haben es erst im Februar bei der routinemäßigen Überprüfung festgestellt. Und mehrmals brach dort die Stromversorgung zusammen, weil die Sicherungen in der Trafostation rausgesprungen sind.«

»Danke. Sie haben mir beziehungsweise der Polizei wirklich sehr geholfen«, reagierte Zerche.

»Gern. Aber Sie erwähnen mich bitte nicht namentlich in Ihrem Bericht ... Ich weiß nämlich nicht, ob das oben so gut ankommt.«

Zerche bejahte. Er kannte diese Art von Vorsicht. Die Leute fürchteten um ihren Job. Wenn einer der Chefs der Auffassung war, hier habe jemand seine Kompetenzen überschritten und unbefugt Betriebsinformationen an Dritte weitergegeben, konnte eine Abmahnung oder Kündigung auf dem Fuße folgen. Dieses Risiko ging heutzutage niemand mehr ein. Selbst die Polizei, wenngleich sie im Auftrage des Staates legal und legitim im Sinne des Gesetzes handelte, war aus der Perspektive eines Privatunternehmens ein unbefugter Dritter, der nicht unbedingt wissen musste, was hinter dem Werktor geschah. Die meisten Unternehmer dachten und handelten betriebswirtschaftlich, nicht volkswirtschaftlich oder gar in gesellschaftlicher Verantwortung. Ausnahmen bestätigten eher diese Regel als diese zu widerlegen.

»Wir haben doch nicht miteinander gesprochen, wir kennen uns nicht«, sagte Zerche und legte den Hörer auf.

Bevor die drei am nächsten Morgen ins Auto stiegen, instruierte Zerche seine Mitstreiter. Das geschah unaufgeregt und ruhig, wie es seine Art war. Man werde nach Sachsendorf fahren und Ausschau halten nach leerstehenden Objekten, Anwohner befragen, ob ihnen Besonderes aufgefallen sei. »Das Übliche eben.«

»Vielleicht sollten wir zuerst zur Gemeindeverwaltung nach Wermsdorf fahren«, sagte einer der Kollegen. »Im Bauamt werden sie wohl wissen, welche Objekte leerstehen.«

Dass davon in fast jedem Dorf eine ganze Reihe zu finden waren, wussten die Ermittler. Die Dörfer starben aus. Auch wenn an die Stelle der einstigen Landwirtschaftlichen Produktionsgenossenschaften entweder Agrargenossenschaften oder sogenannte Wiedereinrichter getreten waren, fanden in jedem Falle weniger Leute Beschäftigung. Mit dem Ende der Genossenschaften war auch ihre gesellschaftliche Funktion verloren gegangen, denn sie beschäftigten nicht nur Menschen, sondern sorgten auch für die sozialen Einrichtungen im Dorf. Kinderkrippe und Kindergarten, Straßen- und Wohnungsbau, Kultur und Volksfeste verantwortete in der Regel die LPG. Selbst für den Friedhof und das Kirchendach fühlte sie sich zuständig. Das hatte sich nun erledigt, die gesellschaftliche Verantwortung war individualisiert worden.

Zu Beginn der neunziger Jahre, als das Geld aus dem Westen floss, waren die meisten Orte herausgeputzt worden, die Straßen wurden asphaltiert, Bürgersteige und Radwege angelegt, moderne Laternen aufgestellt, und Dorfkirchen bekamen einen frischen Anstrich. Doch damit wurde der Trend nicht aufgehalten: Die Dörfer starben langsam. Die jungen Leute zogen weg, weil sie für sich keine Perspektive im Dorf sahen. In der Folge schlossen Kita und Schule mangels Kinder, Konsum und Kneipe verloren die Kundschaft und ließen ebenfalls die Jalousien herunter. Zurück blieben die Alten. Bauernhöfe verwaisten, da und dort tauchten an den Fassaden große Schilder mit den Telefonnummern von Immobilienmaklern auf, doch Wochenendquartiere und Zweitwohnsitze von Städtern erhalten ein Dorf nicht am Leben.

Zerche klemmte sich hinters Lenkrad und steuerte das Auto vom Hof der Dienststelle. Er brauchte nicht das Navi zu programmieren, die knapp vierzig Kilometer nach Wermsdorf hätte er auch blind fahren können.

Zerche lenkte den Wagen am Kuhteich und am Großen Teich vorbei, ausgangs des 15. Jahrhunderts vom sächsischen Kurfürsten angelegt, um die Festungsgräben füllen und die Speisetafel mit Fisch decken zu können. Noch heute wurde im November abgefischt, auch Zerche holte sich immer einen dicken Karpfen und ließ ihn dann in der Badewanne schwimmen, damit sich der Modergeschmack verlor. In Wermsdorf kamen zum Horstseefischen im Oktober mitunter bis zu fünfzigtausend Besucher aus nah und fern und verfolgten interessiert, wie die Fischer Karpfen, Schleie, Hechte, Welse, Störe, Forellen, Lachsforellen, Saiblinge und Zander aus dem Wasser zogen, diese anschließend verkauften oder selbst verarbeiteten. Ein Volksfest, bei dem im Schnitt zwanzig Tonnen Karpfen über den Tresen gingen.

Zerche bog auf die Straße nach Dahlen. Auch sie war nach der »Wende« ausgebaut wurden. Es ging eben durch Wald und Heide, die Straße schien wie mit dem Lineal gezogen. In Dahlen tauchte zur Linken das Schloss auf, seit Jahrzehnten eine Ruine. Nach dem letzten Krieg kam dort eine Polizeischule unter, dann eine Ingenieurschule für Fleischwirtschaft, an der auch viele ausländische Studenten ausgebildet worden waren. Seit Beginn der siebziger Jahre renovierte und restaurierte man das Schloss, der unsachgemäße Anschluss eines Kanonenofens löste 1973 jedoch einen Brand aus, dessen man nicht Herr geworden war. Seither fristeten die Reste ein trauriges Dasein. Bis zur Stunde sah es nicht so aus, dass sich daran etwas ändern würde. Alle Pläne zum Wiederaufbau des Schlosses, so weit Zerche dies mitbekommen hatte, waren am fehlenden Geld gescheitert. Man sprach von mindestens 18 Millionen, die man dafür in die Hand nehmen müsste.

In Dahlens Mitte lenkte Zerche das Fahrzeug scharf nach rechts auf die Wurzener Straße. Diese führte nun durch bestellte Felder und einige kleine Siedlungen. Es war Mai und das frische Grün hatte jene einzigartige Färbung, die nur wenige Wochen vorhielt. Sobald es in den Sommer ging, verlor sich die pastellhafte Frische. Das Grün wurde kräftig, aus der Ferne nahezu schwarz selbst am Tage. Im August, wenn es wenig geregnet hatte, schimmerte bereits das Gelb und Braun trockener Blätter hindurch. Und die Kastanienalleen richtete die Miniermotte hin. Zu Beginn der neunziger Jahre war der aus Südeuropa stammende Schädling erstmals in Deutschland festgestellt worden, in anderthalb Jahrzehnten hatte er das Land und inzwischen auch den gesamten Kontinent okkupiert. Die einzige, aber kaum wirksame Hilfe: Blätter einsammeln und verbrennen. Zerche spuckte durchs geöffnete Fenster. Womit man sich heutzutage alles herumschlagen musste.

Die Kollegen starrten stumm in die Landschaft. In ihrem vorgerückten Alter gehörte Schweigen zu den vornehmsten Verrichtungen. Die Kommunikation beschränkte sich auf den Austausch von Nachrichten, die für die Arbeit unerlässlich waren. Selten, dass man sich über anderes unterhielt. Umso überraschender kam von hinten aus dem Fond die Ansage: »Habt ihr gestern den Unfall vorn an der Zinnaer mitbekommen?«

Nach einer Weile meldete sich der Beifahrer. »Nee.«

»Da ist doch einer einem Rechtsabbieger hinten draufgefahren.«

»Soll vorkommen«, sagte Zerche leidenschaftslos.

»Soll vorkommen«, echote der Beifahrer.

»Ja«, kam es von hinten. »Das war ein Fahrschüler.«

»Wer? Der aufgefahren ist oder der andere?«

»Der andere, der plötzlich gebremst hat.«

»Hm«, sagte der Beifahrer. »Da muss man eben aufpassen. Fahrschüler sind unberechenbar. Und? Ist das schon alles?«

»Nee. Die Pointe von der Geschichte: Der Fahrer des Wagens, der auffuhr, hieß Krause.«

Sanft fällt die Straße hinab nach Sachsendorf unweit von Wermsdorf

»Krause?«, wiederholte KHK Zerche. »Fahrschule Krause?«

Von hinten kam ungebremstes Gelächter. »Genau der!«

Nun brach es auch aus dem Beifahrer heraus. »Werbung fürs Unternehmen ist das nicht gerade.«

»Eben. Deshalb hatte er auch darum gebeten, dass man seinen Namen nicht im Polizeibericht für die Presse erwähnen sollte.«

»Naja, ob das nun in der Zeitung steht oder nicht, das spricht sich von allein herum: Hast du schon gehört, der Krause hatte einen Auffahrunfall. Und ausgerechnet der will den Leuten das Autofahren beibringen ... Du weißt doch, wie das in einer Kleinstadt ist, in der wenig geschieht.«

Inzwischen passierten sie Streuben, ein winziges Straßendorf, die gepflegten Häuser und Höfe schmiegten sich an die erneuerte Trasse mit Bürgersteig und Radfahrweg. Der nächste Ort war Sachsendorf. Die Straße fiel von der

Höhe gleichsam ins Tal, die Toskana war nichts gegen diese gewellte Landschaft, in die Dörfer und Waldstücke Farbe hineintupften. Der Kirchturm grüßte die Anhöhe, über die der Dienstwagen hinrollte.

Sachsendorf mit seinen wenigen Einwohnern war in den siebziger Jahren der Nachbargemeinde Burkartshain zugeschlagen worden, und in der Neuzeit wurden beide Orte geschluckt. Jetzt war Sachsendorf nur noch ein Teil der Großen Kreisstadt Wurzen – und deren schönster, wie die Dörfler selbstbewusst erklärten.

Zerche schlug vor, später auch das einstige Pfarrhaus anzusteuern, in dem heute die Gemeindeverwaltung säße. Zuvor aber sollten sie weiter nach Wermsdorf fahren, um sich im Bauamt kundig zu machen.

Wieso er von einem verlassenen Bauernhof oder einem LPG-Stall ausgehe, fragte der Beifahrer. Unterstellt, dass die Ursache für den gestiegenen Stromverbrauch eine Hanfplantage sei: Die könne durchaus von Dorfbewohnern betrieben werden. Strom könne man auch als ehrbarer Mieter klauen.

Zerche nickte. Es sei nicht hundertprozentig auszuschließen, dass sich einer der arbeitslosen Bauern oder Rentner ein Zubrot verdiente – indem er selber Cannabispflanzen zieht oder seine ungenutzten Stallungen oder Scheunen an Freizeitgärtner verpachtet. Aber er halte die Wahrscheinlichkeit für gering, dass einer der Anwohner für eine solche kriminelle Sache seinen Ruf aufs Spiel setze.

»Wenn es das Einzige ist, was man dabei verlieren kann ... Da ist doch darauf gehustet«, meldete sich der Mann aus dem Fond.

»Ich darf dich an die Paragrafen 29 und 30 des BtMG erinnern. ›Mit Freiheitsstrafe bis zu fünf Jahren oder mit

Geldstrafe wird bestraft, wer Betäubungsmittel unerlaubt anbaut, herstellt, mit ihnen Handel treibt, sie, ohne Handel zu treiben, einführt, ausführt, veräußert, abgibt, sonst in den Verkehr bringt, erwirbt oder sich in sonstiger Weise verschafft ...‹«, hielt Zerche dagegen.

»Jaja, ich kenne die Paragrafen auch. Mir ist aber kein Fall bekannt, dass ein Landwirt einrücken musste, nur weil auf seinem Acker Hanf gewachsen und er dafür angeklagt worden war. Die kamen alle mit einem blauen Auge davon. Bewährungs- und/oder Geldstrafe, mehr nicht.«

Wir kennen doch unsere Pappenheimer, darauf Zerche. Ob Indoor- oder Outdoor-Growing: Für die meisten Ostler im vorgerückten Alter – und andere dürften auch in Sachsendorf kaum leben – löse allein schon das Wort »Rauschgift« Entsetzen, Abscheu und Ekel aus. Da gäbe es eine Hemmschwelle, die ziemlich hoch sei, ehe man sich auf dieses Dreckszeug einlasse.

»Würdest du für jeden Bauern hier deine Hand ins Feuer legen?«

Zerche zögerte, legte die Stirn in Falten und kratzte sich am Kinn. »Doch, ja, ich glaube schon.«

Sie fuhren durchs Dorf und weiter auf der Alten Poststraße nach Wermsdorf. Dort saß das Bauamt im Alten Jagdschloss. Einige Hundert Meter hinter dem Renaissance-Bau lag die Hubertusburg, die nach ihrer Errichtung für den Bedeutungsverlust des Jagdschlosses gesorgt hatte. Seit mindestens zweihundert Jahren war es nur noch als Gäste- und Wohnhaus für Bedienstete der Hubertusburg und Beamte genutzt worden. Nach dem Krieg zog kurzzeitig ein Kinder- und Erholungsheim ein, seit 1950 arbeitete dort die Gemeindeverwaltung. Und das tat sie noch immer.

Zerche stoppte vor der Anlage. Seit einigen Jahren stand König Albert wieder auf dem Denkmalsockel, von dem er 1945 verschwunden war. Jenseits der Straße erinnerte ein Mahnmal an die elf toten Häftlinge, die im Frühjahr 1945 beim Durchzug eines Todesmarsches von den faschistischen Bewachern ermordet worden waren. Hier war jeder Schritt Geschichte ...

Die drei Kriminalisten suchten das Bauamt auf. Sie wurden dort freundlich begrüßt von einer Frau, die vermutlich, was keineswegs uncharmant von Zerche gedacht war, schon ein halbes Jahrhundert zwischen den Akten saß. Sie kannte sich aus. Zerche erklärte das Begehren der Kriminalisten, ob sie da nicht helfen könne.

Die rundliche Frau musste nicht lange überlegen. In Sachsendorf stünden einige Objekte leer und zum Verkauf, auch denkmalgeschützte darunter, aber, und dabei seufzte sie tief, Denkmalschutz allein halte den Verfall nicht auf. Es genüge nicht, ein blauweißes Emailleschild an die Fassade zu schrauben. Neben wunderschön restaurierten Gebäuden – man müsse nur aus dem Fenster schauen, sagte sie mit unverhohlenem Stolz – gebe es eben zunehmend auch Ruinen. Seit der Wende sei hier an Bausubstanz mehr kaputtgegangen als zuvor. Denn wenn die Menschen weggingen, verrottete alles. Solange ein Haus bewohnt sei, würde es leben. Irgendwie.

Für Zerche war das nicht neu. Er war täglich Zeuge dieses schleichenden Todes in Torgau. Erst gingen die Fenster zu Bruch, dann zogen die Tauben ein und die Feuchtigkeit, Dielen begannen zu modern und der Wind wehte Ziegel vom Dach, die niemand ersetzte.

»Welche Gehöfte in Sachsendorf stehen denn leer? Am Rand oder außerhalb.«

»An der Kreuzung Post-, Ecke Dahlener Straße haben wir so ein problematisches Objekt. Da gibt es zwar einen eingetragenen Eigentümer, aber schon seit Jahren passiert nichts. Vorn war mal eine Kneipe, dahinter der Saal, im Obergeschoss einige Zimmer. Vor einigen Jahren wollten ein paar Mutige aus dem Ort aus dem Dreiseitenhof einen Eventtempel machen. Die wollten die Stones und Suzi Quatro nach Sachsendorf holen, wie sie überall schon erklärten. Hatten ganz schön Rosinen im Kopf, naja, wie das bei jungen Leuten halt so ist. Doch bereits beim Ausbau der Pension ging ihnen die Luft aus. Für neue Fenster langte das Geld noch, dann drehte die Bank den Hahn zu. Eine Pension mitten in einem aussterbenden Dorf, wo es einige Kilometer weiter Wasser und Hotels und bereits eine touristische Infrastruktur gab. Keine Chance. Obwohl doch die Einheimischen inzwischen sagen, Sachsendorf sei der schönste Stadtteil von Wurzen.« Sie seufzte wieder tief und laut. »Mir taten die jungen Leute leid. Die waren so voller Enthusiasmus und Tatendrang, und ich habe ihnen, wo ich konnte, Wege geebnet und Türen geöffnet, obgleich ich von Anfang an skeptisch war. Aber so ist das nun mal.« Wieder stieg aus der Tiefe ihres runden Körpers ein vernehmliches Seufzen. »Wenn die Lage so ist, wie sie ist, hat man keine Chance«, wiederholte sie ihr Lamento. »Nicht der Glaube versetzt Berge, sondern das Geld. Das haben wir auch erst lernen müssen.«

»Und warum steht das Haus unter Denkmalschutz?«

»Feldsteine. Das Haus wurde auf die Grundmauern eines mittelalterlichen Gebäudes gesetzt, war wohl etwas Wichtiges damals. Stand ja auch an einer wichtigen Kreuzung.«

»Und andere Objekte?«

»Ein ehemaliges Gutshaus, Einfamilienhäuser, das Übliche eben. Suchen Sie nach etwas Bestimmtem?«

»Naja, es müssten schon mehr als hundert Quadratmeter sein, kein Hutzelhäuschen.«

»Dann kommt dafür nur dieser Dreiseitenhof an der Kreuzung Poststraße / Dahlener Weg infrage. Vergleichbares sehe ich nicht.«

Zerche dankte und verabschiedete sich. Die beiden Kollegen nickten beim Hinausgehen.

Sie fuhren nach Sachsendorf zurück und hielten vorm ehemaligen Pfarrhaus gegenüber der Kirche. In dem denkmalgeschützten Haus, ein mehrgeschossiger Kasten, an dessen Giebelseiten sich das Walmdach der Mitte zuneigte, arbeitete jetzt die Gemeindeverwaltung. Wie unschwer auch von außen durch die Fenster zu sehen war, gab es einen größeren Raum, in welchem im Winter vermutlich der Gottesdienst abgehalten wurde, weil es in der Kirche zu kalt war. Und auch andere Gremien hielten dort gewiss ihre Zusammenkünfte ab. Die Zufahrt war ungepflastert und wies tiefe Dellen auf. Die Autoräder wirbelten Staub auf. Im Ort war alles ruhig, bisher hatten sie keinen Menschen gesehen. Als sie ausstiegen und die Türen zuwarfen, bewegte sich keine Gardine.

Einen Steinwurf entfernt kreuzte die Poststraße den Dahlener Weg. Das Gehöft, von dem sie soeben auf dem Bauamt gehört hatten, erhob sich stumm und wuchtig an der Ecke.

»Ich glaube, wir stehen hier falsch. Da drüben sind die Parkplätze.«

»Seit wann hältst du nur auf ausgewiesenen Plätzen?« Zerche schüttelte den Kopf und verriegelte mit einem Knopf auf der Fernbedienung die Türen. Er wollte nicht

Das ehemalige Gasthaus in Sachsendorf an der Kreuzung Post-/Dahlener Straße, Aufnahme 2017

vorm Gehöft halten und sowieso noch zuvor Erkundigungen einholen.

Die Frau, die ihnen die Tür öffnete, schickte sie in den Garten. Der Mann, der ihnen etwas sagen könne, mähe gerade den Rasen, da hätten sie aber wirklich Glück, ihn zu treffen, denn heute sei ein ziemlich wilder Tag, ein Termin jage den anderen, die Herren sollten ihn darum nicht allzu sehr von seiner Arbeit abhalten, er müsse sich anschließend noch auf eine Trauerfeier vorbereiten, zuvor müsse jedoch die Wiese geschnitten werden, also bitte nur kurz. So schnell, wie sie redete, lief die Frau auch durch den Flur, die drei folgten ihr brav ins Freie. Kommst du mal, rief sie vom Absatz in die Tiefe des Gartens. Hier sind drei Herren von der Polizei, die wollten was über die neuen Nachbarn wissen.

An Ende des Gartens, hinter alten Bäumen und einem kreisrunden Pool, der, wie Zerche meinte, vielleicht ein wenig zu früh aufgestellt worden war, knatterte ein Benzinrasenmäher. Der Mann, der ihn schob, zeigte sich vom Rufen der Frau unbeeindruckt, der Lärm des Motors übertönte alles.

»Schon gut«, sagte Zerche und schob die Frau sanft beiseite, um gemessenen Schritts dem Freizeitgärtner zuzustreben. Der nahm ihn erst wahr, als er sich bis auf wenige Meter genähert hatte und er die Richtung des Rasenmähers änderte. Der Geruch frisch geschnittenen Grases stieg Zerche in die Nase. Satt und saftig, mild und keineswegs aufdringlich. Er mochte ihn. So roch Freizeit.

Der Mann am Rasenmäher schaltete den Motor ab. Der verröchelte mit einem lauten Stöhnen. Zerche stellte sich und seine Begleiter vor und hielt sich bedeckt, was der eigentliche Grund ihres Besuches war. Für ihn stand die Verschwiegenheit des Mannes außer Frage, aber ein wenig Konspiration tat jeder Polizeiarbeit gut.

»Lassen Sie mich überlegen«, sagte der Mann, der, wie sie beim Gang durch den Flur von der Frau ungefragt erfahren hatten, sich anschickte, von hier fortzugehen. Sie sähen für sich in dieser Abgeschiedenheit keine Perspektive, und natürlich habe man unter dem Kreuz zu dienen, unter das man gestellt sei, hatte die Frau geplappert, doch die Eltern ihres Mannes, die in Magdeburg lebten und bereits ein wenig hinfällig seien, brauchten ihre Nähe. Da habe es sich gut gefügt, dass eine Pfarrstelle in Olvenstedt freigeworden wäre, die ihr Mann übernehmen könne. Nein, ein Nachfolger für diese schrumpfende Gemeinde – mehr als acht der vielleicht vierhundert Menschen kämen selten in den Gottesdienst. Eine Wende sei nicht in Sicht, die Stelle bliebe unbesetzt. Auch die Kirche müsse sparen, sagte die Frau und verdrehte vielsagend die Augen.

»Lassen Sie mich überlegen«, wiederholte der rasen-mähende Mann. Er schien wirklich angestrengt nachzu-denken, vermutlich ließ er vor seinem geistigen Augen alle Straßen und Gassen des Ortes vorüberziehen.

Im Ort seien noch alle Gehöfte bewohnt, wenngleich auch nicht mehr bewirtschaftet, sagte er schließlich, da könne er mit keiner Auskunft dienen. Bis auf jenes da an der Kreuzung. Das stehe seit Jahren leer. Ihm sei von An-fang an klar gewesen, dass die Reanimation der ehemali-gen Dorfkneipe dieser nicht das gewünschte lange und er-folgreiche Leben bringen würde. Zu abgelegen der Ort, zu unbekannt, zu durchschnittlich. Falsche Gegend, falsche Geschäftsidee, zu kurzfristig gedacht, sagte der Mann und gab zu erkennen, dass er sich bei solchen Dingen ein wenig auskannte. Natürlich könne man selbst in der abgelegenen Pampa einen stark frequentierten Gourmet-Tempel eta-blieren. Dazu brauchte man aber einen sehr langen Atem, ehe das Haus eingeführt sei, es stünde und falle mit der Küche, für die es sich lohnen müsse, selbst aus Leipzig an-zureisen. Bockwurst mit Salat bekäme man auch in Wur-zen, dafür müsse man nicht nach Sachsendorf fahren. Und Frösche quakten in jedem Teich. »Verstehen Sie?«

Zerche verstand, wenngleich er nicht die Absicht hatte, in Sachsendorf ein Restaurant zu eröffnen. Er suchte lediglich nach einem Objekt, das seit geraumer Zeit über-durchschnittlich viel Energie zog, und das auch noch illegal.

»Gibt es Nachbarn oder andere Personen, die man dazu befragen könnte?«

Der Mann schüttelte den Kopf. Da wisse er niemanden, das Anwesen interessiere keinen. »Die Leute haben mit sich selbst zu tun.«

Er zögerte. Die Ella Schlenzke sei leider auch schon tot, die habe als Kind damals das Richtfest erlebt und die besseren Tage des Hauses gesehen, mit Tanz und Trallala und dergleichen, die hätte vielleicht noch etwas berichten können.

Er interessiere sich weniger für die Historie, umso mehr für die Gegenwart, warf Zerche unaufgeregt ein. Ella Schlenzke, die Dorfzeitung, möge in Frieden ruhen. »In Ewigkeit, Amen«, antwortete der Mann und startete den Rasenmäher erneut. Aber vielleicht frage er mal die Regina Liebold, die wohne an der Kreuzung gegenüber und habe wohl mit den Männern schon mal gesprochen, die dort gelegentlich herumwerkeln.

Aha, sagte Zerche, da seien also doch welche? Da ließe sich doch nicht behaupten, dass der Hof unbewohnt sei.

»Naja, wohnen ist vielleicht zu viel gesagt. Da sind ein paar Ausländer zugange, die wohl etwas an dem Haus für den neuen Eigentümer herumbauen.«

»Es gibt einen Eigentümer?«

»Davon gehe ich aus. Ich bitte Sie ...« Der tadelnde Blick unterstrich die Aussage. Zerche hatte verstanden.

Die Männer schieden voneinander.

»Wir gehen mal zu dieser Regina Liebold«, sagte Zerche, als sie vors Haus traten. »Und dann können wir mal das Objekt vorsichtig umrunden. Danach werden wir überlegen, welche weiteren Schritte auf der Suche nach den ›lustigen Rosen‹ zu unternehmen sind.«

»Wieso ›lustige Rosen‹?«, erkundigte sich erheitert einer der Kriminalisten vom Kommissariat II.

»Die Jungs sind eben gut drauf, Haschisch beflügelt die Fantasie. Ich denke, dass dies die Chiffre für die Abnehmer in Berlin war.«

Natürlich war diese Parole simpel. Rosen deutete auf Gewächse, und das Attribut auf deren Wirkung. Leute wurden mitunter lustig, nachdem sie »Gras« oder »Marihuana«, die weiblichen Blüten der Hanfpflanze, oder »Haschisch«, den aus diesen Blüten gewonnenen, gepressten Harzextrakt, konsumiert hatten und high waren. Das habe eine gewisse Logik, meinte Zerche, wenn man von lustigen Blumen spräche.

Die drei liefen die wenigen Meter zur Kreuzung. Das Hoftor neben der geschlossenen Kneipe war versperrt, nichts deutete darauf hin, dass hinter den Mauern irgendetwas Aufregendes sein konnte. Die Jalousien im Erdgeschoss verhinderten Blicke ins Innere des Hauses, die Tür zeigte sich versperrt und abweisend. Die Blätter der drei großen Linden vorm Haus raschelten leise im Sommerwind. Das waren die einzigen Geräusche, die zu vernehmen waren.

»Totentanz«, meinte Zerche und klingelte am Eingang des gegenüberliegenden Hauses bei Liebold. Die Frau, die wenig später zum Zaun geeilt kam, war so freundlich wie auskunftswillig. Ja, da seien ein paar Leute auf dem Hof zugange, Ausländer, vermutlich Osteuropäer. Die hätten sich in der Nachbarschaft auch mal vorgestellt, seien aber selten zu sehen. Sie werkelten still auf dem Hof vor sich hin. Sie bauen da um, was genau jedoch, wisse sie auch nicht. Die Neugier habe Grenzen. Ihre ende am Tor, wenn der Herr Oberkommissar wisse, was sie damit meine.

Zerche unterließ es zu korrigieren, denn er gab auf korrekte Anrede so viel wie ein Klapperstorch auf die Unterstellung, die Kinder zu bringen. Stattdessen fragte er, ob sie den Besitzer des Anwesens kenne. Auf dem Bauamt habe es geheißen, das Haus stehe leer, woraus er irrtümlich geschlossen habe, es gebe keinen Eigentümer. Aber wenn dort welche arbeiteten, müsse es ja wohl auch einen geben, der sie damit beauftragt habe.

Die Frau mit den kurzen Haaren schüttelte den Kopf. Nee, das wisse sie auch nicht, wem die Klitsche gehöre. Die Leute erzählten, Eigentümer wäre ein Kroate, der sei aber noch nie hier gewesen. Angeblich werde er mit Haftbefehl gesucht und traue sich deshalb nicht nach Deutschland. Doch ob das alles stimme, wisse sie nicht. Die Leute redeten viel, wenn der Tag lang ist und sonst nichts weiter passiere.

Interessant, was sie alles so wüsste, meinte Zerche anerkennend. Aber was solle ein Kroate hier in Sachsendorf wollen? Wozu erwirbt der eine ehemalige Dorfkneipe mit Pension und Stallungen? »Sachsen ist nicht Slowenien. Das liegt doch nicht um die Ecke.«

Die Frau am Gartenzaun hob die Schultern. »Globalisierung?«

Zerche nickte. »Die Wege des Kapitals sind unerforschlich.« Er sann dem gewichtigen Wort nach, das er soeben und wie beiläufig in die Welt entlassen hatte. Nach einer Weile hob er wieder an: »Mit den Männern haben Sie nicht selbst gesprochen? Sie können also auch nicht sagen, was genau die dort anstellen?«

»Das habe ich Ihnen doch bereits gesagt. Niemand weiß genau, was die da drin machen. Draußen ist jedenfalls nichts vom Umbau zu merken. Und selber gesprochen habe ich mit denen auch nicht. Ich habe sie nur ein oder zwei Mal gesehen, als sie mit dem Auto Zeug vom Baumarkt geholt haben. Die Hoftür halten sie ständig geschlossen wegen der Gänse. Die haben nämlich Federvieh.« Sie habe keine Ahnung, raunte Frau Liebold

Auch im Herbst 2017 sind noch die Jalousien des Saals heruntergelassen

verschwörerisch, aber den Verdacht, dass sie die stopften. »Sie wissen doch: Stopfgänse, die zwanghaft durch einen Trichter ernährt werden, damit sie rasch fett werden und die Leber anschwillt, die ja von manchem als Delikatesse betrachtet wird.« Das sei bekanntlich Tierquälerei, weshalb es in Deutschland auch verboten ist. Ob er deshalb unterwegs sei?

Zerche verneinte. Deshalb nicht. Ob ihr, außer dem Geflügel, sonst etwas aufgefallen sei.

Die Frau mit den kurzen Haaren, in der die grauen deutlich dominierten, schüttelte den Kopf. Nö, sagte sie, die Männer verhielten sich unauffällig, grüßten auf der Straße, wie es im Dorf üblich sei, wenn sie mal unterwegs wären, was jedoch selten geschehe. Ansonsten blieben Tür und Tor zu, und Krach machten sie auch nicht.

Der Kriminalhauptkommissar und seine Begleiter dankten.

Sie überquerten die Straße. Vor ihnen lag ein klassischer Dreiseitenhof. Vorn, an der Poststraße, erhob sich das größte Gebäude, die ehemalige Gaststätte mit der Pension mit vielleicht einem halben Dutzend Zimmer, links dahinter, an der Dahlener Straße, lag der Saal zu ebener Erde, rechts die Scheune, und am Ende des Hofes vermutlich die einstigen Stallungen.

»Wir laufen mal drumrum, unauffällig. Man muss uns nicht gleich hören oder sehen.«

»Falls dort überhaupt jemand ist«, sagte der beifahrende Kriminalist.

»Ein paar Meter Fußmarsch können uns nicht schaden«, entgegnete Zerche, als hätte er den Einwurf nicht vernommen. In seiner Hosentasche steckte einen Schrittzähler, und mit Entsetzen stellte er an fast jedem Abend fest, sofern er Innendienst gemacht und das Dienstgebäude nicht verlassen hatte, dass er weniger als fünftausend Schritte zurückgelegt hatte. Mindestens das Doppelte lautete die geforderte Norm. »Wir bewegen uns einfach zu wenig«, sagte er, wobei der Vorwurf mehr an die eigene Adresse gerichtet war.

»Du, ich mache hier nur meinen Job. Zu unserem Beruf gehört nicht, täglich zehntausend Schritte zu absolvieren. Ich soll Täter ermitteln, nicht meine körperliche Trägheit überwinden.« Die Stimme klang neutral. Doch Zerche kannte seinen Spezi, der war ein Bewegungsmuffel und meinte das ziemlich ernst, auch wenn es keineswegs so klang.

Die Lerchen standen über den Feldern und sangen in der lauen Luft. In Momenten wie diesen liebte Zerche seinen Beruf über die Maßen, vergessen waren die Schreibtischarbeit und die fortgesetzte Fütterung des Amtsschimmels, der von Jahr zu Jahr gefräßiger zur werden schien. Die Straße zur Linken wurde von kleinen Einfamilienhäusern gesäumt, in den Vorgärten, oft von Ligusterhecken umgeben, blühten die Blumen. Da und dort blitzte die rote Zipfelmütze eines Gartenzwergs durch die Stauden.

Zerche schritt am Saal mit den verschlossenen Fenstern entlang, gefolgt von seinen beiden Kollegen.

Die Wände hatte der Zahn der Zeit sichtlich benagt, überall blätterte der Putz und gab den Blick auf die nackten Feldsteine frei. Die Fenster, mit Jalousien verschlossen, waren vor einiger Zeit erneuert worden, was an den Rundbögen unschwer zu erkennen war. Ursprünglich waren die Öffnungen größer und von einem Bogen gekrönt, wie der Vorsprung im Putz offenbarte. Das war damals noch ordentliche Tischlerarbeit, dachte Zerche, diese Fenster aus Plast hingegen kamen von der Stange. Schnell hergestellt und damit billig, und obendrein rasch eingesetzt.

Sie marschierten bis zum Ende des Flachbaus, dahinter dehnte sich ein leerer Platz, der von einer Scheune begrenzt wurde.

Nachdem sie kehrtgemacht hatten und wieder zur Kreuzung zurückgekehrt waren, drückte Zerche die Klinke am Eingang vorsichtig nach unten. Wie erwartet ließ sich die Tür nicht öffnen.

Als sie in Höhe des Hoftors waren, hob heftiges Gänsegeschnatter an. Die Männer schauten sich an. Nach einigem Überlegen kam Zerche die Erleuchtung, und er blies zum Rückzug. Schon bald erstarb das Geschnatter hinter ihrem Rücken.

»Was war denn das?«

»Das hast du doch gehört«, antwortete Zerche. »Die Nachbarin hatte die Gänse auch erwähnt.«

»Also wird der Hof bewirtschaftet.«

»Das genau glaube ich nicht«, sagte Zerche. »Jedenfalls nicht im üblichen Sinne. Das war die Alarmanlage.«

»Hä?«

»Die nutzten schon die alten Römer. Wachhunde können zwar riechen und bellen, müssen aber gefüttert werden, Gänse hingegen sind genügsam und brauchen nicht täglich Futter, sie suchen sich ihr Fressen selber. Vor allem aber: Sie reagieren auf Fremde wie jeder Wachhund, sind jedoch nicht bestechlich wie eine Töle. Halte dem Hund einen Knochen vor die Nase, und schon hält er die Schnauze. Versuch das mal bei einer Gans!«

»Du willst also sagen …?«

»Genau. Warst du schon mal in Italien? Schlage dort dein Zelt auf einem Campingplatz auf, der privat bewirtschaftet wird. Die Verpächter halten sich alle eine Gänseschar. Die sorgt nämlich dafür, dass der Zeltplatz zur diebstahlfreien Zone wird. Allerdings kann es passieren, dass du in mancher Nacht ständig aus dem Schlaf geschnattert wirst. Denn so gut sind die Gänse nun auch wieder nicht, dass sie zwischen verspätetem Camper und Spitzbuben unterscheiden. Aber die Wirkung besteht ja bereits in der Abschreckung.«

»Das höre ich zum ersten Male.«

»Und so etwas lebt auf dem Dorf.«

Der Kollege, der in der Stadt lebte, amüsierte sich merklich über die Unwissenheit seines Kollegen.

»Ja, ich lebe dort, war aber nie Bauer. Und Vieh hatte ich auch nie.«

»Schon gut.« Zerche beendete die Auseinandersetzung. »Hier ist also etwas, das uns interessieren könnte. Das Objekt gilt als unbewohnt, wird aber umgebaut, und auf dem Hof laufen Gänse umher, deren einzige Aufgabe aller Wahrscheinlichkeit nach im Wachdienst besteht. Was schlagt ihr vor?«

»Hausdurchsuchung.«

»Kein Staatsanwalt wird dir einen Durchsuchungsbeschluss unterzeichnen. Gegen wen? Und vor allem: mit welcher Begründung? Wegen der paar Gänse?«

»Wir könnten den Stromanbieter ...«

»Vergiss es. Er kann den Stromverlust nicht lokalisieren. Folglich kann er auch nicht aufgrund unseres vagen Hinweises ins Haus gehen, um den Strom abzuklemmen. Das können sie nämlich nur vor Ort, nicht von der Zentrale aus. Außerdem vermute ich, dass die Anbauer der ›lustigen Rosen‹ – immer vorausgesetzt, es wird in der Pension oder im Tanzsaal tatsächlich Hanf angebaut – den Stromzähler überbrückt haben. Das heißt, enviaM hat eigentlich dort nichts verloren: Die Elektriker müssen den Zähler im Haus nicht abklemmen, weil er das schon ist. Der Stromdiebstahl erfolgt vor dem Zähler, er ist darum auch eine Straftat – und für die ist die Ermittlungsbehörde zuständig. Versteht ihr?«

Die beiden Männer nickten und marschierten weiter.

»Und, was schlägst du vor?«

»Wir observieren das Objekt.«

»Das ist nicht dein Ernst? Wo willst du die Leute hernehmen?«

»Keine Überwachung rund um die Uhr. Es sollte nur in der Nacht aus der Distanz beobachtet werden, am besten von der Scheune aus da hinten.« Er wies mit dem Daumen über die Schulter. »Die habt ihr doch hoffentlich gesehen. Wenn hier geschieht, was wir vermuten, werden sie die Ernte ausliefern. Oder jemand kommt vorbei und holt die ›lustigen Rosen‹ ab. Oder falls sie sich dort immer aufhalten, müssen sie sich auch mal was zum Essen holen.«

»Wieso sprichst du von ›sie‹? Eine Plantage kann auch von einer einzelnen Person betreut werden.«

»Stimmt. Aber die Leute sprachen von Ausländern. Mehrzahl.«

»Du willst also auf die Stunde warten, in der sich das Hoftor öffnet, um dann zuzuschlagen? Mann, lass uns dort einfach reinmarschieren und die Bude auf den Kopf stellen ...«

»... und die Hintermänner verschrecken? Außerdem vergisst du, dass hier alles rechtsstaatlich zugehen muss. Wenn du nicht nachweisen kannst, dass eine konkrete Straftat vorliegt, und wenn du kein offizielles Papier hast, ist jede Wohnung, jedes Haus tabu. Verstößt du gegen diesen Grundsatz, hast du die Arschkarte.«

Zerche verspürte nicht zum ersten Mal die engen Grenzen ihres Handelns. Über die föderale Organisationsstruktur der Polizei regte er sich schon gar nicht mehr auf, über das Kompetenzgerangel. Oft genug schon waren ihm die Hände gebunden, wenn er in Fällen ermittelte, die sich länderübergreifend zutrugen. Das Zentralregister beim Bundeskriminalamt war faktisch die einzige bundesweite Datenbank, die existierte. Der Zentralstaat war in verschiedener Hinsicht dem Föderalstaat überlegen, doch die Erfahrungen mit dem Führerstaat der Nazis ließen die Väter des Grundgesetzes – Mütter waren nicht zugelassen – die Macht splitten. Es sollte sich nicht wiederholen, dass Berlin befahl und der letzte Dorfschulze nach dieser Pfeife tanzen musste. Im Laufe der Jahrzehnte entwickelte sich aber nahezu jedes Bundesland zu einem Duodez-Fürstentum, das den – wenngleich geringen – Spielraum zur

Durchsetzung eigener Interessen nutzte. Im Prinzip waren allerdings nur noch die Polizei und das Bildungswesen als Spielwiese verblieben – mit zunehmend spürbaren Nachteilen. Auf diesem Feld meinte sich jeder Lokalpolitiker verewigen zu müssen.

Zerche spie in den Staub am Straßenrand. »Und überhaupt: Womit willst du denn begründen oder rechtfertigen, die Bude zu stürmen? Hast du was gerochen? Nein, die benutzen Filter. Hast du was gesehen? Nein, nur verrammelte und verdunkelte Fenster. Hast du was gehört? Nein, lediglich Gänse haben geschnattert. Wie auf einem normalen Bauernhof. Also, welchen Grund haben wir, mit der Kavallerie auf den Hof zu reiten?«

»Nun mach aber mal einen Punkt, Hartmut. Wieso Kavallerie? Würde es nicht reichen, wenn wir zu dritt eine Tür öffneten, um nachzuschauen? Finden wir was, rufen wir die Spezialkräfte des Landeskriminalamtes, dann übernehmen die. Finden wir nichts, ziehen wir uns wieder zurück und suchen woanders. Ich halte es ohnehin für falsch, wenn wir uns auf dieses eine Objekt kaprizieren. Könnte es nicht auch ein anderes sein? Vielleicht irrt die Frau im Bauamt und es gibt andere leerstehende Höfe in der Umgebung, wo Strom geklaut wird und der Mann, den sie tot in Berlin gefunden haben, gestorben sein könnte? Wobei: Ich glaube einfach nicht daran, dass der tote Ukrainer in Berlin aus Sachsendorf stammt.«

Zerche hatte auch seine Zweifel, ob es gut war, sich auf diesen Hof hier zu konzentrieren. Allein schon deshalb mochte er nicht über das Tor steigen, denn war's das Falsche, gab es Ärger. Trotzdem hatte er das Gefühl, dass es nur dieses eine Objekt gab, das infrage kam. Der gewaltige Stromverbrauch deutete auf eine beachtliche Anlage, die in keine Bodenkammer passte. Und dass die Frau vom Amt nicht nur Hinz und Kunz kannte, sondern auch jeden Katen, sollte man getrost unterstellen. Er schüttelte den Kopf. »Ich bleibe dabei: Hier sind wir an der richtigen Stelle. Und wir gehen keinerlei Risiko ein und unternehmen keine illegalen Sachen. Ist das klar?«

Sie erreichten das Auto und stiegen ein. Zerche klemmte sich hinter das Lenkrad und drehte den Zündschlüssel im Schloss. »Morgen Nacht legt ihr euch zu zweit auf die Lauer«, sagte er. Dann schaute er in den Rückspiegel, um das Gesicht des Kollegen zu sehen. »Von Sonnenuntergang bis Sonnenaufgang. Schlafen könnt ihr am Tage.«

Der Mann im Fond hob an etwas zu sagen, doch Zerche stoppte ihn sofort. »Du hast nichts Dringendes auf dem Tisch. Also kannst du …«

»Ich habe einen Arzttermin.«

»Wann?«

»Gleich morgens um neun Uhr.«

»Ist doch wunderbar. Wir graben uns von achtzehn bis sechs Uhr ein. Da kannst du im Anschluss gleich zum Arzt gehen.« Zerche wandte sich dem Beifahrer zu. »Und wenn es was gibt, Meldung an mich. Klar?«

Die beiden Männer nickten.

»Wieso hast du gesagt, dass ›wir‹ uns eingraben? Machst du etwa mit?«, fragte der Beifahrer.

Ein scharfer Blick traf ihn.

In Berlin traten die Ermittler auf der Stelle. Im Fall Loschkov gewannen die Kriminalisten keine neuen Erkenntnisse. Die Daten, die sie in den ersten vierundzwanzig

Stunden eruiert und an die Presse gegeben hatten, waren im Wesentlichen die einzigen geblieben. Unter der in den Polizeinachrichten angegebenen Nummer meldeten sich nur wenige Anrufer, danach verebbte die Reaktion. Das war normal. In der Metropole mit dreieinhalb Millionen Menschen passierte ständig etwas, und auch wenn es nur die wenigsten Fälle in die Spalten der Zeitungen schafften, galten die Polizeinachrichten vom Vortage meist schnell als Schnee des letzten Jahres. Spektakuläre Raubüberfälle, bei denen ein Fahrzeug in die Auslagen eines Juweliergeschäftes gedonnert war und die Preziosen eingesammelt wurden wie Pilze in einer Plantage, gesprengte Bankautomaten und Messerattacken auf dem Alex schafften es zumindest in den Boulevardzeitungen auf die erste Seite. Drogentote hingegen fanden schon lange keine Erwähnung mehr. Ein Junkie, der sich den Goldenen Schuss gesetzt hatte, tauchte nur noch in der Statistik auf. Über die Dealer am Kottbusser Tor oder am Görlitzer Park erregten sich allenfalls die Anwohner, das war kein Medienthema mehr, zumal man sie nach der Feststellung der Personalien laufen ließ, wenn sie eine Wohnadresse nachwiesen, unter der sie gemeldet waren. In der Masse der Delikte verlor sich Loschkov, der vor einigen Monaten sein Land verlassen hatte, in Berlin gestrandet und nun tot war. Kein Hahn krähte nach ihm, keine Polizei-Chefs machten Druck, um Umstände und Mörder mit stolzer Brust der neugierigen Öffentlichkeit zu präsentieren. Und selbst wenn sich ein oder mehrere Täter würden finden lassen, nähme kaum jemand Notiz davon, beim Toten handelte es sich um einen Nobody.

Die Ermittlungen liefen also mit der üblichen Routine weiter, was hieß: Es geschah wenig bis nichts. Im Vorjahr waren in Berlin fast eine halbe Million Straftaten begangen und registriert worden, bundesweit über sechs Millionen. Die Hauptstadt machte ihrer Funktion zweifelhafte Ehre: Sie war Spitzenreiter, gefolgt vom sächsischen Leipzig. Von den Straftaten waren etwas mehr als die Hälfte aufgeklärt worden. Oder anders formuliert: Fast jede zweite Straftat blieb ungesühnt. Der Fall Loschkov erfüllte alle Voraussetzungen, ebenso zu enden. Irgendwann würde man die Akten schließen und in die Ablage geben.

Doch die Politiker konnten verkünden: Bei Mord, Totschlag und Raub seien in Berlin die Zahlen deutlich zurückgegangen, lediglich die von Körperverletzungen hätten zugenommen. Die häufigsten Delikte blieben Taschendiebstähle, Ladendiebstähle sowie der Klau von Autos und Fahrrädern.

Auch der sächsische Kriminalhauptkommissar Zerche kannte die Zahlen, die Jahr für Jahr vom Bundeskriminalamt für ganz Deutschland veröffentlicht wurden. Unlängst war die inzwischen 54. Ausgabe der »Polizeilichen Kriminalstatistik« erschienen, die auf fast fünfhundert Seiten für das Jahr 2006 minutiös auflistete, was die Ermittlungsbehörden statistisch erfasst hatten. Der Rauschgiftkriminalität hatte man darin den notwendige Raum gegeben. Nach allen möglichen Gesichtspunkten waren von den Experten in Wiesbaden auch diese Daten aufgeschlüsselt und dokumentiert worden. In der Fallstatistik rangierten »Cannabis und Zubereitung« mit weitem Abstand vorn – weitaus mehr Fälle als Heroin, Kokain, LSD, Amphetamine einschließlich Ecstasy und andere Betäubungsmittel zusammengenommen. »Fast die Hälfte der ermittelten Tatverdächtigen waren bei den Rauschgiftdelikten zwischen 18 und 25 Jahre alt (Heranwachsende und

Jungerwachsene)«, hieß es dort, was sich mit Zerches Feststellungen deckte. »Bei illegalem Handel und Schmuggel waren über ein Viertel und bei illegaler Einfuhr in nicht geringer Menge mehr als zwei von fünf der Tatverdächtigen Nichtdeutsche«, hatte es ferner geheißen. »Bei illegalem Handel und Schmuggel von Rauschgiften waren über die Hälfte der nichtdeutschen Tatverdächtigen entweder Asylbewerber oder gehörten zur Sammelgruppe der ›Sonstigen‹ (Erwerbslose, abgelehnte Asylbewerber mit Duldung, Besucher oder Flüchtlinge).«

Loschkov fiel erkennbar in diese Kategorie. Er war, obgleich namentlich bekannt, dennoch ein Namenloser.

Die Observation des verwaisten Objektes in Sachsendorf erwies sich als richtig.

Die Torgauer Kriminalbeamten beobachteten aus der ehemaligen LPG-Scheune das äußerlich tote Gehöft. Im Ort klappten, wie man so sagt, nach achtzehn Uhr die Bürgersteige hoch, das öffentliche Leben – soweit man davon überhaupt sprechen konnte – erstarb. Kein Mensch weit und breit, nirgends. Die Gänse auf dem Hof schienen die einzigen Lebewesen zu sein. Sie begannen bereits zu schnattern, wenn man sich dem Hoftor auf wenige Meter näherte. Ab und an kläffte in der Ferne ein Hund, vom ockerfarbenen Kirchturm schlug die Uhr, ansonsten herrschte Friedhofsstille im Dorf.

So harrten die beiden Kollegen aus Zerches Kommissariat von Dämmerung zu Dämmerung aus und behielten das Anwesen im Blick, ohne dass sie etwas Auffälliges registriert hätten. In der vierten Nachtwache jedoch öffnete sich tatsächlich das hintere Tor, und ein roter Polo rollte langsam auf die Dahlener Straße. Hinter ihm schloss sich das Tor sofort wieder.

Der Mann hinterm Lenkrad war aus der Distanz so schlecht zu erkennen wie das Kennzeichen. Aber damit war belegt, dass sich mindestens zwei Personen auf dem Hof aufhielten.

Ein Hubschrauber hatte inzwischen das gesamte Gebiet wiederholt mit der Wärmebildkamera überflogen, um dem Berliner Hinweis, es gäbe in der »Wermsdorfer Umgebung« möglicherweise eine Plantage, von der aus sich Loschkov gemeldet haben könnte, nachzugehen. Sie hatten nichts entdeckt. Und da ein solcher Einsatz ziemlich viel kostete, hatte man es damit bewenden lassen. Befragungen im Dorf hatten auch nicht zu neuen Erkenntnissen geführt. Die meisten Menschen waren vorgerückten Alters, hochbetagte Rentner, die oft schwer hörten und ohne Brille kaum etwas sahen. Ihre Welt endete bereits an der Haustür. Nein, ihnen war nichts aufgefallen, die Dorfkneipe stehe doch schon seit Jahren leer und sei unbewohnt.

Nach anderthalb Stunden kehrte der Polo zurück. Vermutlich war der Mann in einem Supermarkt in Dahlen oder Wurzen gewesen, um einzukaufen. Die Kaufhallen dort hatten bis zwanzig Uhr geöffnet. In Sachsendorf gab es schon lange keinen Konsum mehr.

Der Mann stieg nicht aus dem Wagen, wartete eine Weile mit laufendem Motor, dann öffnete sich von innen das Tor. Das Fahrzeug setzte sich in Bewegung und verschwand auf dem Hof. Danach schloss sich das Hoftor sofort wieder, ohne dass die beiden Polizisten die Person sahen, die es geöffnet hatte. Dazu hätte man auf der Straße,

Das Transformatorenhäuschen (r.) am Ortseingang von Sachsendorf, in welchem wiederholt die Sicherungen herausflogen, worauf das Dorf dunkel wurde. Zwischen Ortsschild und Trafostation ist der Giebel mit Schornstein des Gasthauses zu erkennen

nicht in der Scheune stehen müssen. Einzig die Gänse registrierten das Geschehen, sie schnatterten und kreischten. Die Vögel unterschieden nicht zwischen Freund und Feind, sie trompeteten aus Prinzip. Die Kriminalisten verharrten auf ihrem Posten, obgleich ihnen bewusst war, dass in der heutigen Nacht kaum etwas geschehen würde. Sollten sie den Chef, dem der Feierabend heilig war, trotzdem anrufen?

»Er hat es so angewiesen«, sagte der eine.

»Und was wollen wir ihm melden?«, fragte der andere.

»Dass wir einen roten Polo vom Hof haben rollen sehen, ohne Nummernschild und Fahrer erkannt zu haben? Der macht uns doch rund wie einen Buslenker.«

»Naja, aber wir haben doch nun den Beweis gesehen, dass welche auf dem Hof sind. Und deren konspiratives Verhalten macht sie höchst verdächtig.«

»Was ist daran konspirativ, wenn ein Auto am Abend von einem Gehöft rollt und nach anderthalb Stunden wiederkommt?«

»Machen es andere auch?«

»Wenn sich zur selben Zeit welche aufs Ohr legen oder vorm Fernseher sitzen, macht es andere, die es nicht tun, nicht automatisch verdächtig. Wir sollten die Kirche im Dorf lassen. Ich habe nichts Konspiratives bemerkt.«

»Ich ruf ihn jetzt an.«

»Ich habe dich gewarnt.«

Nach langem Klingeln nahm Zerche ab. Er kaute. »Was gibt es? Ich bin gerade beim Abendbrot.«

»So spät soll man nicht essen. Das geht auf die Hüften.«

»Habe ich nicht. Komm zur Sache, Kurt.«

»Also wir haben einen roten Polo gesehen. Der war anderthalb Stunden fort, dann kam er wieder und verschwand sofort auf dem Hof.«

»Kennzeichen? Wie viele saßen im Wagen?«

Der Beamte begann zu drucksen. »Chef, das war so weit weg ...«

»Sag mal: Habt ihr kein Fernglas mitgenommen? Was seid ihr für Nachteulen!«

»Es saß nur einer im Auto.«

»Na wenigstens etwas«, knurrte Zerche und schluckte. »Ich informiere sofort das LKA und die Staatsanwaltwaltschaft, morgen früh rücken wir mit dem Sondereinsatzkommando an und nehmen die Bude auseinander.«

»Chef, können wir uns die Nacht sparen? Ich meine, wo doch nun alles klar ist?«

Zerche lehnte das Gnadengesuch ab. »Ihr bleibt dort, bis das SEK kommt. Ich bin natürlich auch da.«

Punkt sechs Uhr stürmten etwa dreißig Polizisten das Objekt, sie kamen aus Dresden und Leipzig und bildeten das SEK. Die beiden aus Leipzig hinzugezogenen Staatsanwälte hielten sich im Hintergrund, um das Geschehen zu verfolgen.

Ein Schützenpanzerwagen donnerte heftig gegen das hintere Hoftor an der Dahlener Straße, dass es aus den Angeln brach und krachend zu Boden stürzte. Der Fahrzeuglärm übertönte merklich das Geschnatter der Gänse, die sich kreischend und flügelschlagend in die gegenüberliegende Hofecke flüchteten. Das Tor zur Dahlener Straße war vorsorglich von außen verriegelt worden, zudem waren genügend bewaffnete Kollegen aufgezogen. In der Hofecke, zwischen Wohnhaus und Saal mit den heruntergelassenen Jalousien stand der rote Polo mit dem Kennzeichen B-CL 8163, daneben eine zusammenklappbare Sitzgruppe mit blauem Überzug aus dem Baumarkt. Offenkundig saß man gelegentlich hier beieinander an frischer Luft.

Im selben Augenblick versuchten zwei Beamte die Eingangstür vom Hof zum Hauptgebäude zu öffnen, was ihnen nicht gelang, so dass ein Kollege mit einer Kettensäge gerufen wurde. Kreischend fraßen sich die Zähne durch das uralte Holz. Die Späne flogen nur wenige Sekunden durch die Luft, dann ließ sich ein Brett herausbrechen. Durch die Öffnung passte eine Person ohne Mühe. Mehrere Polizisten zwängten sich rasch nacheinander hindurch und durchkämmten das Haus. Aus dem Übergang zum Saal rief einer, dass man es bis auf den Hof hörte: »Hier ist die Plantage. Und was für eine!«

Überall im Hof und in den Gebäuden waren Polizisten mit gezogener Waffe unterwegs, denn es war nicht auszuschließen, dass auch jene, nach denen sie suchten, bewaff-

Der Innenhof des Anwesens nach dessen Erstürmung. Rechts der rote Polo

net waren. Systematisch durchkämmten die Männer vom SEK alle Räume, doch sie fanden niemanden. Die Personen, nach denen sie suchten, schienen wie vom Erdboden verschluckt.

Frei, frei, frei drang es im Minutentakt aus den gesicherten, das heißt durchsuchten Räumen. Aber nie kam der Ruf, dass man einer Person ansichtig oder gar habhaft geworden sei. Nicht nur die Staatsanwälte wurden zunehmend unruhiger.

Inzwischen hatte sich nicht nur die Sonne am Himmel erhoben, sondern auch die Anwohner. Der Lärm beim Aufbrechen des Tores und die lauten Rufe der Beamten trieben zumindest die unmittelbaren Nachbarn aus den Betten und neugierig an die Fenster: Was war da los? So viele Fahrzeuge und Polizisten hatte man noch nie im Dorf gesehen. Einige Menschen liefen auch auf die Straße und kamen vorsichtig näher, wurden aber von aufmerksamen Beamten gestoppt und freundlich verabschiedet. Das sei ein Polizeieinsatz, da wären Zeugen nicht unbedingt willkommen. »Frühstücken Sie in Ruhe weiter, den Rest erfahren Sie aus Ihrer Heimatzeitung«, rief einer der Polizisten zu einem Fenster hinauf, aus dem eine aufgeregte Frauenstimme gerufen hatte, was denn hier um Gottes willen los sei.

Mancher ließ sich jedoch nicht abwimmeln und fragte nach, was dieses gewaltige Aufgebot zu bedeuten habe. Die Gesichter der Beamten gefroren zur Verschlusssache. Darüber dürften sie keine Auskunft geben.

»Warum nicht?«, insistierte einer der Rentner. Das sei ihr Dorf, sie hätten einen Anspruch darauf, es zu erfahren. Das sei ja wie früher! Stasi-Methoden, rief ein anderer im Gehen. Der Beamte überhörte den albernen Einwurf geflissentlich und wandte sich dem Rentner zu, der unbedingt wissen wollte, was in ihrer ehemaligen Kneipe vor sich gehe.

»Ich verstehe ja Ihre Neugier. Ich kann Ihnen allenfalls sagen, dass es um einen vermuteten Verstoß gegen das BtMG geht.«

»Hä?«, machte der Renter, »ihr immer mit euren Scheißabkürzungen. Ich verstehe nur noch Bahnhof.«

Der Beamte, keine vierzig, musterte den Mann. »Sie sind doch nicht von hier?«

»Aber gewiss doch. Ich bin hier geboren und werde vermutlich meine Tage auch in Sachsendorf beschließen, sofern mich meine Kinder nicht vorher ins Heim stecken. Ich war, falls Ihre Frage darauf zielte, Agraringenieur auf der LPG. Was LPG heißt, werden Sie wohl wissen. Ich aber weiß nicht, was Betedingsbums bedeutet. Klären Sie mich mal auf. Ich bin vom Dorf und habe keine Ahnung.«

»Betäubungsmittelgesetz«, sagte der Beamte. »BtMG heißt Betäubungsmittelgesetz.«

»Und wer ist da betäubt worden? Da wohnte doch keiner mehr. Bis auf die zwei, drei Ausländer, die dort bauen ...«

»Mit Betäubung ist Rauschgift gemeint.«

»Das wird ja nun noch alberner. Wer soll denn hier Rauschgift genommen haben?«

»Es hat niemand ... Ach, hören Sie doch auf«, beendete der Polizist den Dialog. Er fürchtete, sich um Kopf und Kragen zu reden und Dinge auszuplaudern, die ihm mitzuteilen untersagt waren. Und er wusste, wie schnell Gerüchte liefen, und dass am Ende der stillen Dorfpost meist nur Unsinn ankam, für den aber er haftbar gemacht werden würde, denn er war die Quelle, aus der die Information geschöpft wurde. »Bürger, bitte gehen Sie weiter. Sie behindern die polizeilichen Ermittlungen.«

Der einstige Agraringenieur verzog sein Gesicht zu einem mokanten Grinsen. Er drehte sich auf dem Absatz um und schlenderte über die Kreuzung zu seinem Häuschen zurück. Was war das für eine blöde Zeit, in die man geraten war?

Unterdessen schlug auf dem Hof der Polizeihund an. Er bellte und winselte am Heck des Polo. Im Unterschied zu seinen zweibeinigen Kollegen schien er fündig geworden zu sein. Einer der Polizisten, nicht der Hundeführer, machte sich an der Heckklappe des Autos zu schaffen. Sie war nicht verschlossen und ließ sich leicht öffnen. Das Fahrzeug war nicht nur in die Jahre gekommen, sondern auffällig ungepflegt. Im Kofferraum lag einiger Müll, und im Filz, der den Boden bedeckte, war ein dunkler Fleck zu erkennen, größer als ein Wagenrad. Vermutlich war dieser Fleck die Ursache für das Gebell, denn der Hund war darauf trainiert, auch auf Blut zu reagieren. Sein feiner Geruchssinn funktionierte präziser als das menschliche Auge.

»Kann sein, dass damit die Leiche von diesem Ukrainer nach Berlin gebracht wurde«, sagte Zerche, der hinzugetreten war.

»Was für eine Leiche?«

»Na die von diesem Loschkov, der auf dieser Berliner Brache im April gefunden worden ist. Deshalb sind wir doch überhaupt erst auf dieses Objekt gestoßen.«

Auch die Staatsanwälte schauten plötzlich sehr interessiert.

»Wie kommen Sie darauf?«

»Ist doch logisch«, hob Zerche an. »Die Kollegen von der 6. Mordkommission in Berlin gingen davon aus, dass der Fundort nicht der Tatort war. Mit dem Handy des Toten stellten sie fest, dass er vornehmlich im Wermsdorfer Raum telefoniert hatte. Außerdem hatte er an der gesamten Kleidung Anhaftungen von Cannabis. Das heißt, es gibt eine Verbindung zwischen dem Fundort und diesem Tatort ...«

»Womit nicht gesagt sein muss, dass dieser Loschkov hier erschlagen wurde«, meldete sich einer der Staatsanwälte zu Wort. »Wir können vermuten, dass seine Leiche vielleicht mit dem Polo befördert wurde. Gewissheit bringt ein DNA-Abgleich.«

Zerche sah dies nicht anders. »Das Fahrzeug wird ohnehin von den Kriminaltechnikern nach allen Regeln ihrer Kunst auseinandergenommen werden.«

»Ich gehe davon aus, dass dies das Kurierfahrzeug war. Die haben das Zeug damit zum Händler nach Berlin ge-

Kriminalhauptkommissar Zerche (l.) beim Austausch mit den Staats-
anwälten und dem Leiter des Sondereinsatzkommandos

karrt. Denn sie kamen auch aus Berlin: siehe Kennzeichen.
In der sächsischen Provinz fanden sie ihr El Dorado ...«
Der Staatsanwalt versenkte seine Hände in den Hosen-
taschen und richtete den Blick zum Himmel. »Halleluja.
Warum immer bei uns?«

»›Sächsische Provinz‹ ist inzwischen überall. Auch in
Sachsen-Anhalt, in Brandenburg, in Thüringen wird Hanf
angebaut, Herr Kollege.« Der ältere der beiden Staatsanwälte wirkte erheblich abgeklärter. »Solche leerstehenden
Objekte gibt es inzwischen massenhaft in allen ostdeut-
schen Bundesländern. Die sind wie eine Einladung.«

»Und alle schauen weg.«

Zerche konnte das aus eigener Erfahrung nur bestäti-
gen. Mitgefühl, Nächstenliebe, Gemeinschaftsgeist kamen nur noch in Sonntagspredigten vor, im realen Leben
waren sie selten geworden. Die Leute kümmerten sich nur

noch um sich selbst, die eigenen Sorgen und Probleme überlagerten alles andere. Nach etwa einer halben Stunde, so lange dauerte die Durchsuchung bereits an, war zu vernehmen: »Hier sind sie! Unter dem Dach!«

Alle richteten automatisch ihrer Blicke nach oben, von wo der Ruf gekommen war. Doch niemand unternahm Anstalten, ins Haus und auf den Boden zu eilen. Die Polizisten würden die Personen – wen auch immer sie entdeckt hatten – nach unten auf den Hof bringen.

Wenig später erschienen, von Uniformierten begleitet, zwei Männer in der Tür. Ihre Hände waren auf dem Rücken mit weißen Einweghandfesseln fixiert. Offenkundig hatte das SEK mit einer größeren Gruppe gerechnet, üblicherweise führte jeder Beamte eine Handschelle aus Metall mit sich. Nur bei erwarteten Massenverhaftungen nahm man die leichteren Plastikbänder mit.

Die beiden Männer, dem Augenschein nach zwischen dreißig und vierzig Jahre alt, senkten den Blick zu Boden und reagierten auf keine Ansprache. Vielleicht verstanden sie kein Deutsch. »Pa russki?«, fragte einer der Beamten, der an der Schule Russischunterricht gehabt hatte und noch einige Vokabeln beherrschte. »Njet?«

Die zwei Hanfbauern schwiegen unbeeindruckt.

»Sie hatten sich auf dem Dachboden versteckt«, sagte einer der Polizisten, die die beiden aufgespürt hatten.

»Leisteten sie Widerstand?«, erkundigte sich der Staatsanwalt.

Der Polizist schüttelte den Kopf. Nein, sie hätten hinter einem Schrank gehockt und sich ohne jede Regung festnehmen lassen.

»Papiere?«

»Keine. Sie hatten keinen Pass in der Hosentasche.«

Das klang ironisch. »Wir haben auch im ganzen Haus nichts gefunden. Aber vielleicht entdecken wir noch was. Sie waren mit dem Auto unterwegs, also mussten sie davon ausgehen, mal in eine Verkehrskontrolle zu geraten. Die werden schon irgendwelche Papiere besitzen.«

Zerche musste innerlich grinsen. So tickte nur ein ordentlicher deutscher Staatsbürger. Dessen Fantasie reichte kaum für die Vorstellung, dass man auch ohne Personaldokumente und Führerschein ganz Europa durchqueren und monatelang in einem fremden Land leben konnte, ohne aufzufallen und festgehalten zu werden.

»Sind das die einzigen verdächtigen Personen, die sich aktuell auf dem Gelände aufhalten?« Der Staatsanwalt wollte es genau wissen.

»Wir haben keine weiteren gefunden und gehen davon aus, dass es nur diese beiden waren, die die Plantage betreut haben«, meldete sich der Leiter der SEK. Es war nicht zu überhören, dass er aus der Landeshauptstadt kam.

»Vergessen Sie nicht Loschkov. Also drei.«

»Der aber ist tot. Und immer unterstellt, dass er hier war und als Leiche mit dem Polo nach Berlin gebracht worden ist«, warf Zerche ein, was ihm einen tadelnden Blick des Staatsanwalts eintrug. Er mochte nicht, dass man ihn korrigierte.

»Natürlich. Immer unterstellt«, wiederholte er dennoch. »Die beiden werden nach Leipzig in den Zentralen Polizeigewahrsam überstellt«, ordnete er an und beendete damit gleichsam die Runde. »Den Rest hier erledigt die Kriminaltechnik.«

»Wollen Sie sich nicht einmal die Plantage anschauen? So etwas haben Sie noch nie gesehen, das verspreche ich Ihnen.« Der Leiter des SEK, der sich offenkundig bereits

Die Kübel für die Stecklinge, davor die Kartons mit den Hanfblättern, die als Abfall gelten: zu geringe THC-Konzentration

einen Überblick verschafft hatte, machte eine einladende Handbewegung.

Der Pulk folgte ihm bereitwillig ins Haus, Zerche trottete an dessen Ende. Er war, wie meist bei solche Aktionen, allenfalls geduldet. Das LKA schmückte sich mit dem Lorbeer, den eigentlich er und seine Leute gepflückt hatten. Aber das erschien ihm unerheblich. Zerche war in einem Alter, in dem man nicht mehr an Karriere dachte und umschmeichelt werden musste. Er wusste, was er konnte und dass der Kriminalhauptkommissar der Rang sein würde, mit dem er auch in die Rente ging. Da war keine »Luft nach oben«, in die man springen und japsen musste.

Bereits im Flur, der vom Haus in den Saal führte, schlug ihnen leicht süßlicher, ein wenig aufdringlicher Geruch entgegen. Keine Frage, woher der rührte.

Brutkästen für die Hanfpflanzen

»Im Haus haben sie die Sämlinge gezogen«, sagte der Chef vom SEK und wies in einen Raum, der vermutlich mal die Küche gewesen war, wie die Fliesen an den Wänden verrieten. Sie reichten bis zur Decke. Es gab dunkelbraune und weiße, die immer im Wechsel an die Wand geklebt worden waren. Auf dem Boden standen drei, vier Dutzend längliche Blumenkästen, randvoll mit Erde. Hier zog man die Stecklinge. Ob bereits der Hanfsamen im Boden war oder erst noch gelegt werden sollte, war nicht zu erkennen.

Zwischen den Kästen standen mit grünen Hanfblättern gefüllte Kartons. Offenbar interessierten sich die Leute hier nur für die harzhaltigen Blütentrauben der hybriden Pflanzen, bei denen war der THC-Gehalt besonders hoch. Ausgeschrieben hieß diese den Rausch provozierende Substanz Tetrahydrocannabinol, und bei den unbefruchteten weiblichen Blütenständen lag der THC-Gehalt bei sechs bis zwanzig Prozent, die Blätter nahe der Blüte hatten noch fünf bis sechs Prozent, bei den übrigen Pflanzenteilen betrug er weniger als ein Prozent. Im Samen der Pflanze war überhaupt kein THC, bei der männlichen Pflanze nur unwesentlich mehr. Deshalb interessierten sie so wenig wie die Blätter der weiblichen Pflanze, wobei inzwischen sogenannter feminisierter Hanfsamen auf dem Markt war, womit sich das Problem der Zweigeschlechtlichkeit erledigt hatte. In den Kartons lag also Abfall, vermutlich bereit zur Entsorgung. Das geschah wahrscheinlich außerhalb, denn einen verräterischen Komposthaufen hatten die Polizisten auf dem Hof nicht gesehen.

»Was passiert dann?«, erkundigte sich einer der beiden Staatsanwälte, der offenkundig nur die juristische, nicht aber die agrartechnische Seite des illegalen Cannabis-Anbaus kannte und auf die Blumenerde schaute, als handele es sich um das Orakel von Delphi, auf jeden Fall um etwas Sonderbares. »Wo kriegen die überhaupt den Samen her?«

»Eigengewinnung, Bestellung im Internet oder Einkäufe beim Nachbarn. Farmen in Holland zum Beispiel liefern in Tütchen mit drei bis fünfundzwanzig Samenkörner. Die Preise für zehn Körner unterschiedlicher Sorten bewegen sich zwischen 14 und 30 Euro. Der Versand erfolgt ›diskret‹. Das ist ja der Witz: In Deutschland steht zwar der Anbau unter Strafe, nicht aber der Besitz von Hanfsamen. Natürlich kann man auch selbst Samen gewinnen: Eine blühende und bestäubte Pflanze kann mehrere Tausend Samenkörner liefern.«

Der LKA-Beamte stand wirklich in der Materie, wobei auch Zerche in diesen Fragen auskunftsfähig war. Und er wusste, dass die Pflanzkübel bereits die zweite Stufe dar-

Die Hanfplantage im Tanzsaal zu Sachsendorf mit einzelnen Stationen

stellten. Denn bevor der Samen dort eingebracht wurde, musste er in dunkler und feuchter Umgebung bei 20 bis 21 Grad keimen. Das dauerte bis zu zwei Wochen. Sobald die Wurzel die Schale durchbrochen hatte, setzte man das Korn vorsichtig in ein Nährmedium, also Blumenerde. Dabei mussten geradezu klinische Bedingungen herrschen, was Amateure oft ignorierten. Nikotin zum Beispiel war für Cannabis tödlich: Der Raucher, der sich in der Keim- und Wachstumsphase nicht mit antibakterieller Seife wusch und auch sein Werkzeug nicht sauber hielt, hatte einfach Pech.

Im normalen Fall jedoch sprossen bereits nach wenigen Tagen die Keimlinge, und sobald sich zwei, drei Blätter zeigten, das sogenannte Vorwachstum beendet war, kamen sie in die Pflanzschalen und wurden rund um die Uhr beleuchtet. Für die Pflanzen schien vierundzwanzig Stunden am Tag die Elektro-Sonne.

Der Trupp marschierte weiter. Im Nebenraum zogen sie an Schalen vorüber, über denen Lampen hingen. Unter ihnen, von durchsichtigen Plastikhauben bedeckt, standen kleine Pflanzen, offenkundig die Kinderstube. Vor den Fenstern hingen Aluminiumfolien zur Isolierung. Daran war der Hubschrauber mit seiner Wärmebildkamera gescheitert.

»So, und nun gehen wir hinüber in den Tanzsaal«, sagte der Mann vom LKA, und der Tross folgte ihm durch den Gang vom Schankraum hinüber. Der Saal sah aus wie alle Säle, die einst bei den Dorfkneipen noch vorm Ersten Weltkrieg angebaut worden waren: um die dreißig Meter lang, fünfzehn Meter breit, links und rechts Säulen, die die an den Rändern gewölbte Decke trugen und hinter denen die Tische mit Stühlen wie in einem Alkoven standen.

Vorn eine Art Bühne, auf der einst die Kapelle spielte. Dort reihten sich nun die Pflanzkästen mit Hanfpflanzen. Andere Kübel waren zu Türmen aufgeschichtet, die in der Mitte des Raumes standen, beleuchtet von innen. Die Pflanzen bewegten sich leicht im Wind der Ventilatoren, und auf den fragenden Blick eines der Staatsanwälte sagte der Experte aus Dresden, dass auf diese Weise der Pflanze suggeriert werde, sie stünde auf einem Feld, über das der Wind geht. Dadurch würde sie kräftiger, der Stamm stabiler. Und in sechs bis acht Wochen könnte geerntet, das heißt also die Blütendolden geschnitten werden.

Ein Gewirr von Stromkabeln und Wasserzuführungen lag auf dem Boden, Schläuche für Ab- oder Zuluft wanden sich unter der Decke. Hier hatten zweifellos Leute gearbeitet, die sich damit auskannten und nicht zum ersten Mal eine solche Anlage installiert hatten. Es summte und brummte wie in einer Fabrikhalle, doch es roch nicht nach Öl und Schmierfett oder anderen Betriebsstoffen, sondern nur nach Hanf.

»Ich muss hier raus, ich glaube, ich bin schon high«, sagte der eine Staatsanwalt und hielt sich ein Taschentuch vor Mund und Nase.

Zerche grinste abgeklärt und meinte, das werde nicht helfen. Dabei schoss ihm ein Gedanke durchs Hirn, den er aber dort beließ. Zunächst.

»Aber wie eine richtige Plantage sieht das nicht aus«, warf der andere Staatsanwalt ein, und in seiner Stimme schien ein wenig Enttäuschung mitzuschwingen.

»Folgen Sie mir bitte ins Obergeschoss«, sagte der kundige LKA-Beamte. Er ging durch den Flur voran, durch den sie soeben erst in den Saal gekommen waren, und stieg eine Treppe hinauf. Über die Schulter gewandt erklärte

Die Plantage im Wohnhaus: wärmeisoliert, mit abgedunkelten Fenstern, von außen nicht festzustellen

er, dass man jetzt in die Räume käme, die wohl früher mal vermietet worden wären oder zumindest dafür vorgesehen waren.

Auch durchs erste und zweite Obergeschoss waberte der aufdringliche Hanfgeruch und drang in die Nase, der Staatsanwalt langte schon wieder nach seinem Taschentuch. Der Leiter des SEK öffnete in der zweiten Etage – die erste hatten sie ausgelassen – eine Tür, schob mit der Hand den Plastikvorhang beiseite und gab den Blick frei auf ein grünes Feld, auf das gleißendes Licht aus Hochenergielampen fiel.

»Ist das nun eine Plantage oder nicht?« Die Frage, eigentlich eine Feststellung, war durchtränkt von Genugtuung und auch ein wenig Stolz. Denn dass die Polizei nicht alle Tage einen solchen Fund machte, war allen bewusst.

»Und in den anderen Räumen sieht es ähnlich aus«, fügte er hinzu.

»Haben Sie schon eine Übersicht, um wie viele Pflanzen es sich hier handelt?«

»In diesem Raum oder insgesamt?«

»Alle natürlich.«

»Schätzungsweise vier- bis fünftausend.«

Der Staatsanwalt ließ vernehmlich die Luft aus den gespitzten Lippen strömen. »Doch so viele.«

»Hatten Sie mit weniger gerechnet?«

»Eigentlich schon. Ist das Rekord?«

»Zumindest für Sachsen.«

»Und was schlagen Sie vor, wie wir damit umgehen?«

Der Mann vom Landeskriminalamt wies auf Zerche. Die Entsorgung falle wohl mehr oder weniger in die Zuständigkeit der hiesigen Kollegen. Zerche, derart angesprochen, räusperte sich. »Wir werden die Wurzener Feuerwehr mit der Drehleiter holen.«

»Wie bitte?«

»Um die oberen Geschosse mit Hilfe der Hebebühne zu räumen. Wenn wir alles durchs Haus tragen müssten ... mit den paar Kollegen ... Das dauerte Tage. – Nein, das war ein Scherz«, schob er nach. »Wir benötigen die Feuerwehr vielleicht aus einem anderen Grunde.« Er schlug vor, das technische Equipment, nicht gerade billig, an den Leipziger Zoo zu geben. Die hätten immer Bedarf an Lampen und Kabeln.

»Gute Idee. Und vergessen Sie nicht, den Energieanbieter zu informieren, damit die jemanden schicken, der den Anschluss kappt. Wir sollten nicht an die Elektrik gehen, das ist zu gefährlich.« Der wortführende Staatsanwalt schüttelte den Kopf. »Was diese Leute sich trauen.

Kriminalhauptkommissar Hartmut Zerche während der Ermittlungen im Hauptgebäude

Die zapfen einfach die Hauptleitung an. Das ist selbstmörderisch.«

Zerche hob den Finger. »Das ist das Stichwort.«

»Hauptleitung?«

»Nee, Selbstmord.«

Den Torgauer Kriminalisten trafen irritierte Blicke, jedes Gesicht war ein Fragezeichen.

»Wie meinen?«

Kriminalhauptkommissar Zerche arbeitete sich durch die Planen zum Fenster vor. Obgleich dieses mit Folie völlig verklebt war und kein Fitzelchen Licht hindurchdrang, ließ es sich mühelos öffnen. Die Fenster im ganzen Hause und auch im Saal waren jüngeren Datums und vermutlich in einer ersten Renovierungsphase in den neunziger Jahren erneuert worden.

Zerche beugte sich hinaus und schaute zehn, zwölf Meter in die Tiefe.

Kriminaltechniker untersuchen das Pflaster unterhalb des Fensters nach Blutspuren

»Hieß es nicht in Loschkovs Obduktionsbericht, dass einige Knochen gebrochen waren und der Körper großflächige Hämatome aufgewiesen habe?«

Da keiner außer ihm den Befund der Gerichtsmediziner aus Berlin kannte, gab er sich selbst die Antwort, als er sich wieder in den Raum drehte.

»Ich denke, dass die Kriminaltechniker mal den Platz unterhalb dieses Fenster genauestens untersuchen sollten.«

»Was wollen Sie damit sagen?«

»Dass Loschkov möglicherweise im Drogenrausch aus dem Fenster gesprungen ist.«

»Sie meinen, dass er zugedröhnt war und glaubte, ein Vögelchen zu sein?«

»Ja, aber nicht, weil er vorsätzlich Cannabis konsumiert hatte. Der war high, weil er hier gearbeitet hat.

Das war quasi ein Berufsunfall. Wochenlang diese THC-geschwängerte Luft zu atmen muss sich aufs Hirn legen. Loschkov sprang, weil er dauerbekifft war.«

»Interessante These«, melde sich einer der Staatsanwälte. »Da müssten sich Fingerabdrücke am Fensterrahmen finden lassen.«

»Was aber nichts beweist«, warf sein Kollege ein. »Der Beweis für diese Hypothese findet sich dort unten auf dem Hof. Ich kann mir das aber nicht vorstellen. Warum sollten denn die beiden anderen ihren toten Kameraden bis nach Berlin fahren?«

»Weil sie in ihrer Naivität glaubten, das sei weit genug weg von hier. Sie wollten die Spuren verwischen. Wer käme denn in Berlin auf die Idee, dass dieser Tote etwas mit einer Hanffarm in Sachsen zu tun hat? So die Logik.«

»Aber trotzdem dämlich, weil das Handy in der Hosentasche blieb.«

»Was für eine gewisse Panik spricht. Das war eine Affekthandlung, als sie den dritten Mann tot auf dem Hof liegen sahen: Nur schnell weg, rein ins Auto mit ihm und ab nach Berlin.«

Zerche schüttelte den Kopf. »Zumindest nahmen sie sich noch Zeit, um ihm mit dem Hammer das Gesicht zu zerschlagen. Das spricht gegen Panik und für überlegtes Handeln.«

»Allerdings nicht für besonders viel Intelligenz. Man muss doch ziemlich dumm sein zu glauben, wenn man das Gesicht nicht mehr erkennt, dann sei auch die Person nicht mehr zu identifizieren. Das ist doch wie bei meiner kleinen Tochter: Die hält sich die Hände vor die Augen und ruft: such mich mal! Nur weil sie selbst nichts sieht, meint sie, dass auch sie nicht gesehen werde.«

Die Feuerwehr wurde
gerufen, um die
mögliche Fallhöhe
festzustellen

»Sie gingen davon aus, dass Loschkov erkennungsdienstlich noch nicht erfasst worden ist. Der war doch
erst seit wenigen Monaten in Deutschland und hier noch
nicht straffällig geworden. Sie wussten wahrscheinlich
nicht, dass er bei einer Razzia auf der Baustelle erwischt
worden war. Ich bleibe dabei: Die handelten sehr überlegt
und machten nur einen Fehler: Sie übersahen das Telefon
in der Tasche.« Wie zur Bestätigung seiner Worte nickte
Zeche kurz mit dem Kopf.

»Immer unterstellt, dass Loschkov hier und nicht woanders starb«, meldete sich der Staatsanwalt erneut zu
Wort. Aber sein Bauchgefühl sage ihm, dass Zerche mit
seiner These recht haben könnte und Loschkov in Sachsendorf ums Leben kam, zufällig insofern, als er nicht Opfer eines Mordes oder Totschlages geworden ist, sondern
Opfer der Arbeitsbedingungen.

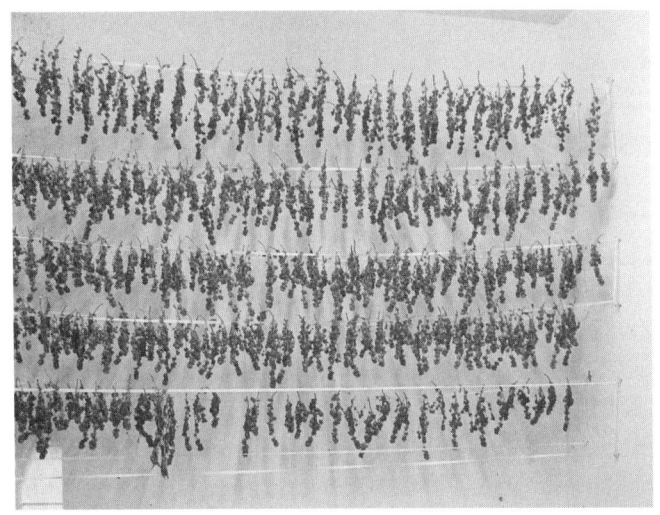

Zum Trocknen aufgehängte Blütenstände der Hanfpflanze. Sie sind deren für die Drogengewinnung wichtigster Teil

»Das hieße ja, dass alle, die beispielsweise in einer Schnapsfabrik arbeiteten, abends besoffen nach Hause torkelten«, warf einer der Subalternen aus dem Tross ein.

»Naja, für die ist die Schicht nach acht Stunden vorbei. Hier ging die Schicht über vierundzwanzig Stunden. Die waren wahrscheinlich dauerzugedröhnt. Unsereiner ist doch schon nach Minuten so gut wie stoned«, sagte der eine Anwalt und wollte mit dieser Vokabel signalisieren, dass er sich zumindest in der Sprache der Rauschgiftszene ein wenig auskannte. »Es wird Zeit, dass wir an die frische Luft kommen.«

Die Männer trampelten die Stiege hinunter, nachdem sie noch in einer Mansarde die zum Trocknen an Schnüren aufgehängten Blütenstände gezeigt bekommen hatten. Je Gramm gäbe es dafür fünf bis zehn Euro, sagte der SEK-Chef, ehe er die Tür schloss.

Draußen atmeten alle tief durch und auf. Nicht nur um den intensiven Hanfgeruch aus der Nase zu vertreiben. Es schien auch Ausdruck von Erleichterung, dass man einen beachtlichen Erfolg im Kampf gegen die Rauschgiftszene erzielt hatte.

Wirklich? Das war doch wie ein Kampf gegen Drachen: Schlug man einen Kopf ab, wuchsen ihm augenblicklich neue. Die Hintermänner – und die gab es ohne Zweifel – rekrutierten neue Leute und betrieben ihr Geschäft des Indoor-Growing im großen Stil weiter. Überall im Land standen Gebäude leer. Und sie hatten das Geld für die Investitionen. Eine solche Anlage wie die in Sachsendorf kostete zwischen zehn- und zwanzigtausend Euro. Ein kleiner Hanfbauer oder Drogendealer hatte die nicht »auf Tasche«.

Die beiden in Sachsendorf festgenommenen Männer wurden nach Leipzig in den Zentralen Polizeigewahrsam überführt. Die Staatsanwaltschaft, in die polizeilichen Ermittlungen eingebunden, nahm an den Vernehmungen teil.

Bei den Festgenommenen handelte sich, wie sich alsbald herausstellte, um Landsleute von Loschkov. Auch sie stammten aus der Ukraine und waren wie dieser geduldete Ausländer. Nachdem ihnen der Dolmetscher – nicht ganz frei von Druck und Demagogie – bewusst gemacht hatte, dass es ihnen mehr nützen würde auszusagen, statt nichts zu sagen, ließen sie sich schließlich darauf ein und beendeten ihr stoisches Schweigen. Unabhängig voneinander berichteten sie Ähnliches. Da es keine Gelegenheit gegeben hatte, bei der sie sich hätten austauschen können, um ihre Aussagen abzustimmen, gingen die Beamten davon aus, dass die beiden Ukrainer im Wesentlichen die Wahrheit sagten.

Die beiden Enddreißiger hatten in der Ukraine keinen Beruf gelernt und sich nach der Schule, die sie noch zu Sowjetzeiten absolviert hatten, mit Gelegenheitsarbeiten durchgeschlagen. Sie gaben ferner an, unverheiratet und kinderlos und im Vorjahr aus Kiew nach Deutschland gekommen zu sein.

»Warum?«, fragte der Vernehmer den Mann, der sich Andrej nannte und vielleicht auch so hieß, denn Papiere hatte er nicht bei sich und die Suchanfragen bei den PIK-Stationen waren bislang unbeantwortet geblieben. Das Kürzel PIK stand für »Personalisierungsinfrastruktur-komponente« und bezeichnete Einrichtungen, in denen sich Asylsuchende nach ihrer Ankunft in Deutschland gemeinhin meldeten. Bis auf jene Personen natürlich, die illegal einreisten und illegal blieben.

Der stoppelbärtige Mann mit den abgeschabten Jeans verstand das »Patschemu?« des Dolmetschers nicht. Der schaute fragend zum Vernehmer.

»Ich möchte wissen, weshalb er nach Deutschland gekommen ist. Was der Grund für sein Hiersein ist«, wiederholte dieser.

»Um besser zu leben als in der Ukraine«, übersetzte der Dolmetscher.

»Also sind Sie das, was man einen Wirtschaftsflüchtling nennt?« Der Vernehmer fragte leidenschaftslos.

Der Ukrainer schüttelte energisch den Kopf, als ihm die Feststellung übersetzt worden war. Nein, er sei ein politischer Flüchtling und habe um Asyl im demokratischen

Deutschland nachgesucht, weil er in Frieden leben und arbeiten wolle.

»Und deshalb haben Sie dann gleich deutsche Gesetze gebrochen? Das ist keine Empfehlung, Ihrem Ansinnen nachzugeben«, formulierte der Vernehmer gleichermaßen bürokratisch wie ironisch. Letztlich waren ihm die Beweggründe, weshalb einer hierherkam, egal. Die meisten hofften auf ein besseres Leben, was völlig legitim, aber illusorisch war. Der Ermittler interessierte sich für die organisierenden Hintermänner, die die Hanfplantage aufgezogen hatten. Die beiden bedauerlichen Ukrainer waren nur ausführende Werkzeuge. Nach Abnutzung, das heißt Verhaftung, wurden sie durch neue ersetzt, die an anderer Stelle zum Einsatz kamen. Um das zu unterbinden, mussten die Strippenzieher aufgespürt werden. Die saßen vermutlich irgendwo im sicheren Ausland.

»Bevor ich darauf noch eingehen werde, möchte ich gern wissen, weshalb Sie sich als ›politischer Flüchtling‹ verstehen?«

Er sei bei der Orangenen Revolution auf dem Maidan aktiv gewesen, erklärte er.

»Aha, Sie haben also Ende 2004 gegen die Wahlmanipulationen in der Ukraine protestiert und dafür gesorgt, dass die Präsidentenwahlen wiederholt werden mussten. Die gewann dann der pro-westliche Kandidat Juschtschenko, und der pro-russische Bewerber, der sich zunächst zum Wahlsieger erklärt hatte, verlor. Aber ich verstehe nicht, wieso Sie danach das Land verließen? Verlassen mussten. Aus politischen Gründen, wie Sie sagten?«

»Ich wurde von der Polizei verfolgt, eingesperrt und geschlagen.« Der Mann schob den linken Ärmel seines karierten Hemdes nach oben und zeigte dem Beamten seinen Unterarm. Auf diesem waren mehrere kreisrunde Narben zu sehen, die allem Anschein nach von Verbrennungen mit glühenden Zigaretten herrührten.

Der Beamte hatte schon einiges von Polizeiwillkür und Übergriffen in der Ukraine und in anderen postsowjetischen Staaten gehört und gelesen, weshalb er nicht grundsätzlich unterstellte, dass der ihm Gegenübersitzende log. Doch damit war seine Frage nicht beantwortet, weshalb er überhaupt in Haft gekommen war, wo man ihn derart bestialisch behandelt hatte, wie er vorgab.

»Warum kamen Sie ins Gefängnis?« Die Frage musste gestellt werden. Er schaute dem dunkelhaarigen Mann in die Augen. Der hielt dem Blick stand. Mindestens bis ihm die Frage übersetzt worden war. Dann schwieg er auffällig lange.

»Wollen Sie es mir nicht sagen?«

Wieder übersetzte der Dolmetscher. Dann folgte eine sehr lange, sehr laut vorgetragene Antwort, die von heftigen Bewegungen des Oberkörpers und der Arme begleitet wurde.

»Er sagt, er habe sich mit einem Polizisten geschlagen«, übersetzte der Dolmetscher.

»Warum?«, erkundigte sich der Vernehmer.

»Der habe ihn provoziert«, antwortete der Dolmetscher, der ein Muttersprachler und schon in den neunziger Jahren nach Deutschland gekommen war, wie der Vernehmer aus verschiedenen Begegnungen mit ihm wusste. Er stammte aus einer jüdischen Familie in der Westukraine, von denen es nur noch wenige in jenem Landstrich gab. Er könne ruhig Lemberg sagen, hatte ihm einmal der Dolmetscher gesagt, das störe ihn nicht. Seine Heimatstadt habe in ihren besseren Jahren so geheißen, und wenn Europa eines Tages vereint sei und die Grenzen ihre Bedeutung verloren hätten, könnte die Stadt auch wieder ihren früheren Namen tragen und zugleich noch Lwow oder Lviv heißen. Er hatte dazu sanft gelächelt, denn beide wussten, dass bis dahin noch sehr, sehr viel Wasser ins Meer fließen würde.

»Der Polizist habe ihn also provoziert. Und er hat sich zur Wehr gesetzt«, wiederholte der Vernehmer in Richtung Dolmetscher. »Das gilt auch in Deutschland als Widerstand gegen die Staatsgewalt und wird juristisch verfolgt.«

Er schaute über den Rand seiner Brille in das Gesicht des Mannes, der Hanf in Sachsen angebaut hatte und auf seine Anerkennung als Asylbewerber wartete. Offenkundig gehörte ein Unrechtsbewusstsein nicht unbedingt zu seinen moralischen Korsettstangen. Dem Vernehmer war diese Haltung durchaus bekannt, nahezu jeder, den er vernahm, egal ob Deutscher oder Ausländer, kannte seine Rechte und die Lücken und Grauzonen, die die Gesetze aufwiesen. Aber die Pflichten, die zugleich eingefordert, und die Regeln des Zusammenlebens, die einzuhalten verlangt wurden, damit ein friedliches Miteinander überhaupt funktionierte, interessierten nicht unbedingt.

Der Polizeibeamte wiederholte seine Frage, warum er sich mit dem ukrainischen Polizisten geprügelt habe. »Aus Notwehr?«

Der Ukrainer schwieg. Er schaute den Mann hinter dem Schreibtisch an und verweigerte erkennbar die Auskunft. Der Vernehmer wusste, dass es angezeigt schien, das Thema zu wechseln. Er ermittelte schließlich wegen hier begangener Straftaten. Dem Mann wurde vorgehalten, gegen die Paragrafen 29 und 30 des Betäubungsmittelgesetzes verstoßen zu haben, und es musste festgestellt werden, ob es eine Tatbeteiligung an einem Mord oder Totschlag gegeben hatte. Denn inzwischen war nachgewiesen worden, dass die auf dem Hof und im Auto von den Kriminaltechnikern sichergestellten Blutspuren eindeutig Loschkov zugeordnet werden konnten. Nun musste noch festgestellt werden, auf welche Weise der dritte Mann zu Tode gekommen war, und ob die beiden anderen Ukrainer daran beteiligt waren.

»Sie wissen schon, dass Sie sich strafbar gemacht haben?«, hob der Vernehmer wieder an. »In Deutschland sind Anbau, Herstellung und Handel mit Drogen verboten. Und wenn dies obendrein als Mitglied einer Bande und gewerbsmäßig geschieht, kann es bis zu fünf Jahren Freiheitsentzug geben. Wissen Sie das?«

Der Übersetzer richtete das Wort an den Ukrainer, der ruhig und scheinbar unbeeindruckt auf seinem Stuhl saß. Nun aber kam Bewegung in den Körper. Erst in die Augen, die unruhig wurden, wie der Vernehmer registrierte. Dann rutschte der ganze Mann auf dem Stuhl hin und her. Gewiss, woher sollte er die deutschen Strafgesetze kennen? Und natürlich hatten jene, die den Ahnungslosen anheuerten, ihm davon kaum etwas gesagt. Allenfalls dass er abgeschoben werden würde, entdeckte man die Plantage. Doch wenn er durch die Vordertür aus Deutschland flöge, käme er durch die Hintertür wieder herein, dabei würde man ihm helfen. Also kein Problem, alles easy, er könne unbesorgt sein. Ganz gewiss hatten sie ihm verschwiegen, dass er nie wieder legal nach Deutschland kommen dürfe, wenn er einmal abgeschoben worden wäre. Nie wieder!

Der Mann vor dem Schreibtisch schien zum ersten Mal zu erfassen, was da auf ihn zurollte. Eigentlich war die Lawine bereits über ihn hinweggerollt und hatte ihn zu Boden gedrückt, er hatte keine Chance mehr, sich aus eigener Kraft zu erheben und davonzulaufen.

Er sprach den Dolmetscher direkt an. Der übersetzte.

»Er fragt, ob er wirklich ins Gefängnis müsse. Er habe doch nichts Schlimmes getan. Nur ein bisschen Grünzeug gepflanzt und gepflegt.«

Der Vernehmer lachte kurz auf. »Ein bisschen Grünzeug?! Das ist Dreckszeug, Gift. Es macht Menschen krank, ruiniert ihre Gesundheit, stürzt ganze Familien ins Elend ...« Die Erregung war nicht gespielt, sie kam von innen.

Der Ukrainer hörte sich die Übersetzung an. Seine Reaktion zeigte, dass ihn die Folgen seiner Gärtnerei nicht interessierten. Ihn beschäftigte ausschließlich, wie er seinen Kopf aus der Schlinge ziehen konnte, um nicht ins Gefängnis zu müssen. Haft schien ihm gleichbedeutend mit Grausamkeit, Terror und Horror.

»Er fragt, was er tun müsse, um nicht ins Gefängnis zu kommen«, sagte der Übersetzer.

»Ob er ins Gefängnis kommt oder nicht, entscheidet ein Gericht, nicht die Polizei. Aber ich bin gern bereit, für ihn ein gutes Wort einzulegen, wenn er meine Fragen beantwortet.«

Der Beamte wusste, dass dieses Angebot nur heiße Luft war. Am Ende würdigten die Juristen im Wesentlichen nur die objektiven Tatsachen, und da hatten dieser Andrej und sein Kompagnon nun mal ziemlich schlechte Karten. Kooperation brachte da einen Nachlass allenfalls von wenigen Monaten, keine Jahre.

Der Ukrainer nickte, als der Übersetzer endete.

»Fragen Sie.«

»Fangen wir mit Komplex I an: die Hanfplantage. Seit wann waren Sie dort beschäftigt?«

»Seit etwa einem halben Jahr.«

»Und da war alles schon eingerichtet, als Sie nach Sachsendorf kamen?«

Der Ukrainer nickte. »Die Technik war schon da. Jurij und ich sollten nur die Pflanzen ziehen und ernten.«

»Jurij war der zweite Mann?«

»Ja, wir kannten uns schon aus Kiew. Wir sind zusammen nach Deutschland gekommen.«

»Wie?«

»Auf dem üblichen Weg.«

»Also illegal über die grüne Grenze.«

»Ja.«

»Und jene, die Sie nach Deutschland schleusten, haben Sie auch für den Job in Sachsendorf angesprochen.«

»In der Ukraine, ja. Die haben gesagt, sie bringen uns sicher nach Deutschland, die Reisekosten könnten wir in einer Gärtnerei abarbeiten. Bis zu einem Jahr sollten wir dort arbeiten, Essen und Übernachtung seien frei. Danach könnten wir gehen und machen, was wir wollen.«

»Hat man Ihnen auch gesagt, dass der Job gegen deutsche Gesetze verstößt?«

Der Mann überlegte. »Nein, so hat man das nicht gesagt. Die haben lediglich gesagt, dass wir vorsichtig sein sollten, besser nicht auf die Straßen gehen und keine Fremden hereinlassen sollten. Die Deutschen seien nicht gut auf Ausländer zu sprechen, weil wir ihnen die Arbeit wegnehmen würden. Und als ich fragte, wovon wir leben sollten, wenn wir nicht aus dem Haus gehen dürften, sagten sie, es käme noch ein dritter Mann. Der würde die Lebensmittel bringen und die Ernte abholen.«

»Alexej Loschkov?«

»Das sagten sie nicht. Wahrscheinlich wussten sie damals noch nicht, wen sie schicken würden. Aber Anfang des Jahres kam Alexej. Der war, im Unterschied zu uns, als Asylbewerber registriert und besaß Papiere.«

»Hatten Sie jemals zuvor mit Hanfanbau zu tun?«

»Nein, nie. In der Ukraine mit den regelmäßigen Stromausfällen ging das gar nicht.«

»Es gibt Notstromaggregate.«

»Kostet Treibstoff.«

Der Vernehmer machte eine wegwerfende Handbewegung und rückte auf dem Stuhl nach vorn. Dann faltete er die Hände auf dem Tisch. »In der Ukraine wird seit mehreren Jahren intensiv industrieller Hanf angebaut. Und wissen Sie wo? Im Gebiet von Tschernobyl.«

Der Ukrainer schaute ungläubig. Er schien davon zum ersten Mal zu hören.

»Sie wissen von der Katastrophe 1986? Damals wurden die Böden im weiten Umkreis des Atomkraftwerks kontaminiert. Jod, Cäsium-137, Strontium-90, Plutonium und anderes Gift ...

Es war damals schon bekannt, dass sich mit bestimmten Pflanzen Schadstoffe aus dem Boden ziehen lassen. Auf diese Weise lässt sich der Boden über längere Zeit entgiften. Die Wissenschaftler nennen diesen Vorgang Phytosanierung. Und was stellten sie fest: Am besten eignet sich dafür Hanf. Deshalb, so habe ich gelesen, wird in der Ukraine und in Belorussland auf verseuchten Flächen Hanf angebaut ... Hätte ja sein können, dass Sie dort gearbeitet und Erfahrungen gesammelt haben.«

Der Ukrainer schüttelte den Kopf. Nein, er habe nie auf dem Feld gearbeitet.

»Aber woher wussten Sie, wie man eine solche Anlage betreibt, wie man Hanf aufzieht und dergleichen? Das ist doch ziemlich kompliziert.«

Der Mann, der sie in dieses Dorf gebracht habe, kannte sich damit aus, antwortete der Ukrainer. Er habe ihnen nicht nur jeden Winkel im Haus gezeigt und die Technik erklärt, die dort installiert war, sondern sie auch unterrichtet, wie man Samen zum Keimen bringt und die Setzlinge verpflanzt, wie und wann man wässert und schließlich die Blütenstände erntet und trocknet. Dann sei er wieder abgefahren, als sie alles beherrschten, und irgendwann sei dann Alexej gekommen.

»Und das hat alles reibungslos geklappt?«

»Ja, schon. Bis auf die Gänse, die uns auf den Geist gingen. Auch wenn der Mann, der uns dort hingebracht hatte, ihre Funktion erklärt hatte.«

»Den Namen dieses Mannes kennen Sie nicht zufällig? Auch nicht, woher er kam, wie er aussah und dergleichen?« Der Vernehmer schaute neugierig über den Tisch.

»Der hat sich uns nicht vorgestellt. War aber ein Deutscher.«

»Alter, Größe, Aussehen?«

»So um die vierzig, ziemlich groß, vielleicht einsachtzig, kurze blonde Haare. Sprach sehr gut Russisch, fast akzentfrei. Ich glaube, der hat in der Sowjetunion studiert. Er beherrschte Flüche und Redewendungen, die stehen in keinem Lehrbuch. Der muss längere Zeit in Russland gelebt haben.«

»Solche Personen gibt es hierzulande reichlich«, sagte der Beamte und begrub die Hoffnung, dass man diesen Mann jemals würde aufspüren können. Eine Nadel in einem Heuhaufen war leichter zu finden. »Sie vermuten, dass er die Anlage aufgebaut hat?«

Der Ukrainer kehrte seine nicht sonderlich gepflegten Hände nach außen und runzelte die Stirn. »Möglich. Er kannte sich jedenfalls sehr gut damit aus. Der wusste, woher der Strom kam und wohin er floss, wo die Kohlefilter für die Abluft saßen und wie oft sie gewechselt werden mussten und so was. Der Junge blickte voll durch. Sehr wahrscheinlich, dass er beim Einrichten des Objekts dabei war.«

Der Vernehmer blickte hinüber zum Staatsanwalt, der still ins Zimmer gekommen war und im hinteren Teil des Büros Platz nahm. Mit einer Handbewegung signalisierte er, dass auf seine Anwesenheit keine Rücksicht genommen werden sollte, er schien lediglich als stummer Zeuge der Befragung beiwohnen zu wollen. Der Polizeibeamte wusste jedoch, dass dieser selten sein Schweigen beibehielt. Ihm war das gleich. So fuhr er denn ungerührt in der Vernehmung fort.

»Sie waren, wie Sie sagten, ungefähr ein halbes Jahr auf dem Hof. Sie haben ihn selten verlassen?«

»Ja, nur einige Male am Anfang, um uns den Leuten als Bauarbeiter vorzustellen, die das Haus umbauen würden. Wir sind später abwechselnd mit Alexej nach Berlin gefahren, wenn er die ›lustigen Rosen‹ lieferte.«

»An wen?«

»Keine Ahnung. Er ließ uns immer vor dem Treffpunkt aussteigen. Die Abnehmer, die ja wohl so etwas wie unsere Chefs waren, sollten nicht mitbekommen, dass Jurij oder ich mit nach Berlin gekommen waren. Das hätte sonst Ärger gegeben.«

»Fühlten Sie sich nicht wie eingesperrt?«

Aus dem oberen Fenster stürzte Loschkov in den Tod, Aufnahme 2017

»Schon. Doch auch Alexej sagte immer, wir sollten die Füße stillhalten, die Nachbarn dürften nichts merken.«

»Wegen der Fremdenfeindlichkeit.«

»Naja, so hat er es nicht formuliert. Es wäre für alle jedenfalls besser, wenn die Leute nicht mitbekämen, was wir auf dem Hof machten. Deshalb waren ja auch alle Fenster zugeklebt, damit kein Licht nach draußen fiel.«

»Aber die Gänse verrieten doch, dass jemand auf dem Hof war.«

»Ja. Aber die Gänse schienen keinen zu interessieren, die Nachbarn glaubten, wir hielten uns nebenbei noch Geflügel.«

»Und niemand von Ihnen wurde in dieser Zeit krank oder hatte irgendwelche Beschwerden?«

»Wenn man ein Ziel vor den Augen hat, bleibt man gesund. Wir wussten, dass die Zeit bald vorbei sein würde.«

Nun mischte sich, wie erwartet, der Staatsanwalt ein. Er hatte sich von seinem Stuhl erhoben, war an den Schreibtisch getreten und richtete den Blick auf den Straftäter aus der Ukraine. Der Dolmetscher, der offenkundig den Staatsanwalt kannte, erklärte Andrej, wer dieser Mann sei. Der nickte. Jasno, sagte er, was so viel wie »alles klar« bedeutete.

»Hatten Sie nie Kopfschmerzen, fühlten sich irgendwie benommen?«

Der Dolmetscher fragte zurück, nachdem der Ukrainer geantwortet hatte: »Sie wollen wissen, ob wir zugedröhnt waren, weil wir ständig mit den Pflanzen zu tun hatten?«

Der Staatsanwalt nickte. »Sie wussten also, dass es sich um Cannabis handelte?«

Der Vernehmer verdrehte die Augen. Das war nun doch albern. Natürlich wussten die Plantagenarbeiter, womit sie es zu tun hatten. Weihnachtssterne sahen anders aus.

»Nein, wir waren nicht bekifft«, übersetzte der Dolmetscher. »Weder haben wir das Zeug selber geraucht noch waren wir zugedröhnt durch den permanenten Geruch der Pflanzen. Sobald sich die Dämpfe aufs Hirn zu legen begannen, sind wir ins Freie gegangen. Im Frühjahr natürlich häufiger als im Winter, weil's auf dem Hof ohnehin angenehmer war. Der Winter war ziemlich hart. Ich glaube, da waren wir gelegentlich unfreiwillig stoned.«

»Auch Loschkov?«

»Der natürlich auch.« Der Ukrainer schwieg. »Der war am anfälligsten von uns dreien. Manchmal halluzinierte er sogar. Hielt sich für ein Vögelchen und flatterte umher.«

Kriminaltechniker sichern Beweismittel auf dem Hof

»Flatterte er auch aus dem Fenster?«

Stille zog in den Raum. Dann, nach einem tiefen Seufzen, hob Andrej an. Der Dolmetscher übersetzte mit merklicher Erregung in der Stimme.

»Er lag plötzlich auf dem Hof. Direkt vor der Haustür. Jurij und ich wässerten die Keimlinge unten in der Küche, als die Gänse zu schnattern anfingen und nicht wieder aufhörten. Jurij sagte, ich solle mal nachschauen, es sei doch nicht normal, dass die Viecher sich nicht wieder beruhigten. Also ging ich nach draußen. Und wäre fast über ihn gestolpert. Loschkov bewegte sich nicht. Ich wusste sofort, dass er tot war. Und auch warum. Das Fenster im Obergeschoss stand offen. Ich musste sofort hoch, um das Fenster zu schließen wegen des Lichts, und lief ins Haus. Alexej ist tot, er liegt draußen, rief ich in die Küche und rannte die Treppe hinauf. Danach bin ich wieder runter. Jurij beugte sich bereits über Alexej. Der ist hinüber, sagte er. Das weiß ich bereits, sagte ich. Und was nun? Jurij kratzte sich an der Brust, wie er es immer tat, wenn ihm nichts einfiel. Das ist oft der Fall, er ist nicht der Hellste und Schnellste beim Denken. Dann erhob er sich, als sei ihm etwas eingefallen, ging ins Haus und kehrte zurück. Er hatte die Autoschlüssel in der Hand. Wir müssen ihn mit dem Auto nach Berlin bringen. Wozu, fragte ich, lass uns ihn doch irgendwo im Wald vergraben. Nein, meinte er, da würde man ihn bestimmt finden und auch uns bald entdecken. Der muss ganz weit weg, wo man keine Verbindung zu uns herstellen kann. Irgendwie schien auch mir das logisch. Wir zogen Alexej an den Beinen zum Auto hinüber. Sein Gesicht schleifte über den Boden, der Kopf sprang über die Steine. Nach zwanzig Metern war's nur noch ein blutiger Klumpen. Ich war entsetzt, aber Jurij meinte, das wäre nicht schlecht, so könnte ihn niemand mehr erkennen. Wir wuchteten Alexej ins Auto, was nicht leicht war. Zwar konnten wir Arme und Beine bewegen, aber er war ziemlich groß und passte kaum in den Kofferraum.«

Der Staatsanwalt hatte sich längst wieder gesetzt und überließ dem Vernehmer das Terrain. Der zeigte kaum Regung. So ungefähr hatten sich die Ermittler den Ablauf auch vorgestellt.

»Und warum haben Sie Ihren toten Kameraden ausgerechnet dort abgelegt, wo Sie ihn abgelegt haben?«

Der Ukrainer schaute zum Dolmetscher und hob, nachdem dieser geendet hatte, die Schultern. »War Zufall.«

»Zufällig war das nicht in der Nähe, wo üblicherweise das Cannabis an den Abnehmer übergeben worden war? Unweit davon ist das RAW-Gelände, bekannt als Party-Meile ...« Der Polizist hatte die Hoffnung noch nicht ganz aufgegeben, doch noch Hinweise auf die Hintermänner zu bekommen. Und seien sie noch so winzig. Aber der Ukrainer, der sich Andrej nannte, erfüllte ihm diesen Wunsch nicht. »Jurij ist immer gefahren. Wir kannten diese Leute nicht.«

»Nun aber war Jurij tot. Das war im April, jetzt haben wir Juni. Wer brachte die Ernte nach Berlin?«

»Es vergingen nur wenige Tage, dann kam einer aus Berlin. Er wollte wissen, warum Loschkov nicht zur Übergabe erschienen ist.«

»Verstehe, die hatten Sorge, dass er mit dem Stoff stiften gegangen war.«

»Nein. Sie dachten, die Polizei hat die Plantage gefunden. Der Mann, den sie schickten, hat das Haus eine ganze Weile beobachtet. Erst dann hat er uns angerufen und nach ›lustigen Rosen‹ gefragt.«

»Wie heißt der Mann, wie sah er aus?«

Der Ukrainer zuckte erneut die Achseln. »Er hat keinen Namen genannt. Aber es war derselbe Mann, der uns vor einiger Zeit die Hanfzucht erklärt und das Haus gezeigt hatte.«

Am 14. Juni 2007 verbreiteten die hauptstädtischen Medien die Nachricht, dass der »mysteriöse Tod von Alexej Loschkov (53)« aufgeklärt sei. »Jetzt kam raus: Der depressive Loschkov hat Selbstmord begangen. Auf einem Bauernhof in Sachsendorf (Sachsen) hatte er sich aus dem Fenster gestürzt«, schrieb die B. Z. »Auf dem Hof wurde heimlich Marihuana angebaut. Aus Angst vor Entdeckung brachte der Plantage-Betreiber (39) die Leiche nach

Berlin. Jetzt beschlagnahmte die Polizei 4800 Pflanzen, nahm den Betreiber und einen Mittäter fest.«

Nun ja, es verhielt sich so wie die legendäre Auskunft des Sender Jerewan: Im Prinzip ja, aber ...

Dabei hatte die gleiche Zeitung in ihrer Ausgabe am 15. April den Leiter der 6. Mordkommission, Kriminalhauptkommissar Bernhard Jaß, mit der Feststellung zitiert: »Laut Obduktion starb Loschkov an massiven Kopfverletzungen.« Wobei offen geblieben war, ob sich der Tote die Kopfverletzungen beim Sturz zugezogen hatte oder ob sie ihm zugefügt worden waren.

Die sächsische Presse hielt die Klärung des Falles nicht des Berichtens wert. Es war in eigentlichem Sinne kein sächsischer Fall, der Leichnam lag schließlich in Berlin.

Auch als die beiden Ukrainer schon bald vor den Schranken des Landesgerichts in Leipzig standen, bemühte sich kein Gerichtsreporter dorthin. Fälle wie diese interessieren wenig. Unter dem Aktenzeichen 101 Js 39 283/07 wurde gegen die beiden verhandelt und geurteilt. Beide hatten gegen die Strafbestimmungen des Betäubungsmittelgesetzes, insbesondere die Paragrafen 29 und 30, verstoßen. Der Paragraf 30, der eine mildere Strafe vorsieht, wenn »der Täter durch seine freiwilligen Aussagen dazu beiträgt, dass weitere Straftaten verhindert oder aufgedeckt werden«, kam nicht zur Anwendung. Auch wenn die beiden durchaus redeten, sagten sie in der Sache nichts. Sie konnten auch nichts sagen. Ihre Auftraggeber und Hintermänner blieben dadurch unerkannt und konnten die Drogengeschäfte fortsetzen.

Die beiden wurden zu der Höchststrafe verurteilt, die der Paragraf 30 vorsieht: fünf Jahre Freiheitsentzug. Dabei blieb der Umgang mit dem dritten Mann auf der Plantage

unberücksichtigt. Das Gericht teilte die Unentschiedenheit der Gerichtsmediziner, die nicht mit Bestimmtheit
hatten sagen können, was ursächlich für den Tod des Ukrainers war: der Genickbruch aufgrund des Sturzes aus
zwölf Metern Höhe oder die Zertrümmerung des Schä-
dels, als er über das Kopfsteinpflaster gezogen wurde.

Ausgeschlossen werden konnte jedoch mit einiger Zu-
verlässigkeit, dass es sich um einen vorsätzlichen Selbstmord gehandelt hatte. Der Mann hatte sich nicht aus dem
Fenster gestürzt, weil er depressiv war. Wie die Gutach-
ter erklärten, erlitt er durch den dauerhaften Umgang mit
den Hanfpflanzen eine toxische Psychose. Die zeigt sich in
Desorientierung, Halluzinationen und Paranoia.

Die beiden Ukrainer saßen die Strafe vollständig ab.
Danach erst wurden sie abgeschoben.

Im Jahr 2007 kostete im Bundesdurchschnitt ein
Hafttag 88,70 Euro, das waren die Ausgaben für Perso-
nal, Essen, medizinische Versorgung und der Unterhalt
der Gefängnisse. Rein ökonomisch betrachtet kosteten
die beiden verurteilten Hanfbauern aus der Ukraine diese
wenigen Monate in Sachsendorf fünf Jahre ihres Lebens –
und den deutschen Steuerzahler rund 325 000 Euro allein
für ihre Unterbringung in der JVA.

Die »lustigen Rosen« waren nicht ganz billig.

DORF IM DUNKELN

Der Regen ging langsam in Schnee über. Die Scheibenwischer schoben die matschigen Flocken beiseite. Die Gummis flutschen hin und her über das Glas, doch der Blick auf die Landstraße blieb nur für Bruchteile von Sekunden frei, dann klatschte Nassschnee wieder auf die Scheibe. Das Intervall war zu lang für die Heftigkeit des Schneefalls. Der Fahrer schaltete stumm eine Stufe höher. Nun wischten die Blätter zwar rascher, aber besser sehen konnte er dennoch nicht.

Der Wind jagte den Schnee in Schüben über die Straße, er wurde stetig dichter, der Strahl der Scheinwerfer durchdrang die weiße Wand kaum noch. Inzwischen hatte der Fahrer zum Fernlicht auch noch die Nebelleuchten eingeschaltet. Die Flocken reflektierten das Licht, weiter als zwanzig, dreißig Meter kam es nicht.

Der Mann am Lenkrad drosselte das Tempo weiter. Er tat dies missmutig, denn sie waren bereits spät dran. Das Navi sagte ihm, dass noch etwa neunzig Kilometer vor ihnen lagen. Da es über die Dörfer ging, würden sie für die Strecke mindestens zwei Stunden brauchen. Die Übergabe war um fünfzehn Uhr vereinbart, jetzt zeigte die Uhr bereits halb zwei. Irgendwann würden jene, die in Oschatz auf die Lieferung warteten, in dem Glauben verschwinden, dass etwas passiert sei und sie umsonst ausharrten.

Er hatte auch keine Telefonnummer, um sie anzurufen. Und selbst wenn: Ihm war verboten worden zu telefonieren. Mehr noch: Er sollte sogar den Chip aus dem Handy nehmen, noch bevor er über die tschechische Grenze fuhr. Das hatte er gemacht. Er hielt sich strikt an die Anweisungen. Nicht weil der Auftraggeber das Sagen hatte, sondern weil der die größeren Erfahrungen in diesem Geschäft besaß. Der schleuste schon lange. Das Geschäft lief konspirativ, Transporteure wurden von Fall zu Fall geordert. Keine Spedition im üblichen Sinne, also mit festem Standort und überschaubarem Fuhrpark. Sondern es wurden Leute wie er mit eigenem Fahrzeug angesprochen. Mal holte er mit seinem B 1000 für den »Kunden« Mädchen aus Osteuropa über die Oder, mal Bauarbeiter vom Balkan aus Tschechien. Und jetzt diese drei.

Nun beschlug auch noch die Scheibe von innen. Je höher die Straße stieg, desto kälter wurde es draußen. Er drehte das Gebläse auf volle Touren. Es rauschte in der Kabine des Barkas wie im Herbst im Hochwald. Der Luftstrom schlug gegen die Scheibe und fraß in den feuchten Belag einen schmalen Streifen, der von Sekunde zu Sekunde breiter wurde.

»Kannste mal die Heizung aufdrehen, mir ist kalt.« Der Mann auf dem Beifahrerseitz meldete sich erstmals wieder, seit sie die Grenze in Moldau passiert hatten. Der Schlepper war bewusst nicht bei Zinnwald und schon gar nicht auf der sogenannten Via Porta Bohemica, auf der Straße zwischen Dresden und Prag, über die Grenze nach Sachsen zurückgekehrt. An der Verbindung wurde schon Jahre gebaut, als Autobahn A 17/D 8 sollte sie demnächst, kurz vor Weihnachten, eröffnet werden. Dort, an den viel befahrenen Grenzübergängen, lauerte der Zoll, das war zu gefährlich. Leute wie er nutzten lieber abgelegene Routen, wissend, dass die deutsch-tschechische Grenze löchrig war wie ein Schweizer Käse. Auch tief im Hinterland kontrollierte der deutsche Zoll gelegentlich, meist tat er es jedoch auf den vielbefahrenen Strecken.

Der Fahrer schob den Heizungsnippel auf rot, und wenig später drang sehr warme Luft in die Fahrerkabine.

»Und, zufrieden?« Er warf einen eher abfälligen Blick auf den ihm unbekannten Beifahrer. Den hatte er mit den Vietnamesen hinter Teplitz-Schönau in einem Waldstück aufgesammelt. Die Ausländer hatte er wie gewohnt im Leerraum hinter den Kisten und Kartons mit Kunstblumen aus Sebnitz versteckt, der deutsche Begleiter war wortlos auf den Beifahrersitz geklettert und hatte sich angegurtet.

Dem Fahrer war auch nicht sonderlich an Konversation gelegen. Er lebte nach dem Grundsatz »Was ich nicht weiß, macht mich nicht heiß«. Ihn interessierte einzig, dass die Fuhre reibungslos lief, kein Stress bei Aufnahme und Abgabe der Fracht und schon gar nicht unterwegs. Woher die Leute kamen, die er heimlich über die Grenze fuhr, wohin sie gingen, nachdem er sie abgeliefert hatte, wollte er gar nicht wissen. Er machte seinen Job. Dass dieser nicht ganz koscher war, spürte er an der Dicke des Umschlags, den er anschließend ausgehändigt bekam. In diesem Gewerbe zahlte man Cash und mit Gefahrenzulage. Das war für ihn ein ordentliches Geschäft, ohne Mahnungen, ohne Inkasso, ohne diese ganzen Scherereien, die inzwischen zum Unternehmeralltag gehörten. Um die Zahlungsmoral war es überall schlecht bestellt, deshalb galt nur noch Vorkasse. Im Hintergrund dieser Leute, die ihn ab und an charterten, wirkte eine richtiger Apparat. Eine funktionierende Logistik sorgte für klar strukturierte Abläufe. Nichts war improvisiert und dem Zufall überlassen. So etwas schätzte er sehr. Das Chaos, das er zuvor in mehreren großspurigen Speditionen erlebt hatte, wollte er nicht wiederhaben. Deshalb hatte er sich selbstständig gemacht. Klein, aber mein.

Eine Zeit lang hatte er als Angestellter einen Kühlauflieger gefahren. Komplettladungen mit Eiskrem waren stets brisant, die Kühltemperatur durfte nie unter minus 18 Grad fallen, sonst gab es einen enormen Schaden. Das Kühlaggregat musste unbedingt zuverlässig arbeiten. Die Furcht vor dessen Ausfall nervte ihn mehr als das Fahren selbst. Er steuerte oft auch Molkereien an, wo er Joghurt und Käse aller Art lud. Das Beladen des Doppelstock-Kühlers war sehr mühsam. Oft war die Ladung so bemessen, dass er keinerlei Spielraum hatte und sehr eng laden musste, um alles wegzukriegen. Da blieb kein Liter Luft. Dadurch gab es regelmäßig Schäden an der Ladung, Dosen wurden eingedrückt und Packungen erhielten unzulässige Dellen. Das aber war vom Kunden schon einkalkuliert. Vom Abnehmer beanstandete Ware nahm er mit nach Hause, statt sie, wie verlangt, in den Container zu werfen. Joghurt, Butter und Frischkäse wurden woanders gern als Tauschobjekte angenommen. Nicht nur die Kollegen auf den Autohöfen waren dankbare Bezieher. Nach einem halben Jahr hörte er jedoch auf, da er das ständige Brummen des Kühlaggregates nicht ertrug, und er wechselte den Arbeitgeber. Aber besser wurde es dadurch nicht.

Er hasste das Hin- und Hergejage, das Tempo-Machen und die Überstunden, das Be- und Entladen und die Polizeikontrollen auf der Autobahn. Am liebsten war ihm, wenn er mit dem Sattelauflieger irgendwo rückwärts an eine Lagerhalle andocken konnte und Lagerarbeiter eine Komplettladung mit Paletten draufschoben. Je leichter die Ladung, umso angenehmer die Fahrt. Kartoffelchips, Spülkästen für Toiletten oder Styropor-Elemente mochte er. Unangenehmer waren Paletten mit Blumenerde oder Maschinenteilen, die meist sehr schwer waren und besonders bei Steigungen den Lkw stark bremsten. Das Fahrzeug mit einer solchen Ladung war nur schwer zu beschleunigen und zu fahren. Besonders beim Bremsen war es gefährlich, weil die Ladung verrutschen, die Seitenwände durchbrechen und Unfälle verursachen konnte. Bei schweren Fahrzeugen platzten auch schneller die Reifen und brachten die Fahrer in unvorhergesehene Situationen, die sich nur schwer beherrschen ließen. Besondere Bedeutung für die Sicherung der Ladung hatten Spanngurte und Spannbretter. Wenn er auf einen fremden Truck wechselte, musste er deren Zustand oft bemängeln, weil er nicht sein Leben riskieren wollte. Spannbretter brauchte man, wenn die Fuhre nicht komplett beladen war, um die Ladung zu sichern. Unangenehm und anstrengend war das Be- und Entladen mit einem Kran, wie sie etwa in der Stahlindustrie üblich waren. Dabei wurde von ihm, dem Fahrer, Schwerstarbeit verlangt. Nach dem Beladen musste die Plane zurückgezurrt werden. Zum Schluss zog er noch die Zollschnur durch die Ösen um den gesamten Auflieger. Schon das Anbringen von etwa zwölf Spanngurten und deren Festzurren kosteten viel Zeit und Kraft. All diese Mehrarbeit wurde von den Disponenten oft nicht berücksichtigt. Für sie zählten nur die Fahrzeit, das Einhalten der Liefertermine und die beförderte Menge. Nur das brachte die Kohle. Weil der Disponent manchem Fahrer immer die unbeliebten Touren aufzwang und anderen die leichten

Fahrten zuschanzte, kam es regelmäßig zum Streit unter den Kollegen. All das waren Gründe, weshalb er auch bei dieser Spedition kündigte und es vorzog, vom Bock zu steigen und fortan nur noch mit kleineren Fahrzeugen wie seinem B 1000 Transporte auf eigene Rechnung zu erledigen. Er hatte genug von der Welt gesehen, er brauchte diesen ganzen Stress nicht mehr. Finanziell kam er auch so über die Runden. Von den Eltern hatte er ein kleines Häuschen mit Garten geerbt, da lebte er glücklich und zufrieden mit seiner Frau. Die Kinder waren längst ausgezogen. Mehr brauchte er nicht. Der Barkas nährte seinen Mann, und Fahrten wie diese waren das Sahnehäubchen. Und falls es schiefgehen und er in den Kahn kommen sollte, woran er im Übrigen kaum einen Gedanken verschwendete: Er wollte nicht mehr Bundespräsident werden und hustete auf ein dann miserables Führungszeugnis. Und außerdem gab es in fast jedem Beruf ein Restrisiko, selbst Beamte im Amt standen theoretisch immer mit einem halben Bein im Knast.

Unter den Kollegen in den Speditionen hatte er viele skurrile Typen getroffen, die irgendwann kaputtgegangen waren. Das wollte er sich nicht antun. Yunus, der Türke, ein gutmütiger unverheirateter Kerl mit Wampe und Bernhardinerblick, verlor bei einer Kontrolle seinen Führerschein. Er hatte bereits 18 Punkte in der Flensburger Verkehrssünderdatei. Der Verlust des Führerscheins für einen Berufskraftfahrer war ungefähr so, als verlöre ein Chirurg bei einem Betriebsunfall die Finger der rechten Hand.

Der Speditions-Chef machte Yunus in einem Anfall von Mitleid zum Nachtwächter. Er lebte, da er seine Miete nicht mehr hatte zahlen können, in einem alten Wohnwagen, den der Chef auf dem Platz aufstellen ließ. Die Kollegen brachten ihm manchmal Butterbrote und was beim Transport übrig geblieben war. Eines Montags stieg der Chef zu Yunus in den Wohnwagen und schrie, dass es alle Fahrer auf dem Hof hörten. Yunus brüllte zurück, dann hörte man ihn heulen. Der Chef kam mit einem Beutel klappernder Flaschen heraus, leere und volle, und eilte damit zum Müllcontainer. Yunus trank offensichtlich. Dennoch schreckte allein seine Anwesenheit auf dem Lkw-Stellplatz Gelegenheitsdiebe und Junkies ab, die sich oft in Bahnhofsnähe herumtrieben. Eines Tages im Dezember standen ein Leichenwagen und ein Polizeiauto vor dem Wohnwagen. Yunus war vom Dach des Bürogebäudes gestürzt und hatte sich tödlich verletzt. Die offizielle Todesursache lautete: Unfall bei Trunkenheit. In der Firma sprachen die Kollegen jedoch von Selbstmord. Einige Fahrer bekamen einen Tag frei, um an der Beerdigung teilzunehmen und die Ansprache des Chefs am Grab von Yunus zu hören. Das, so höhnten Zyniker, war der eigentliche Grund für die Freistellung: Sie sollten nicht Yunus auf seinem letzten Gang begleiten, sondern sehen und hören, was der Chef für ein netter, warmherziger und mitfühlender Mensch war.

Unter den Trauernden war auch Dimitri. Tage später warf der Russe wutentbrannt den Job hin. So etwas habe er nicht einmal in der Sowjetunion erlebt. Wie hier mit den Menschen umgegangen werde, sei zum Kotzen, brüllte er auf dem Hof, als er aus dem Büro kam. Er hatte noch keinen Anschlussjob und trotzdem gekündigt. Dimitri besaß Charakter und ließ sich nicht brechen. Das unterschied ihn von vielen anderen, die sich krumm machten und alles in sich reinfraßen. Er hatte ein Gespür für Gerechtigkeit, was den meisten inzwischen abhanden gekommen war. Die sahen nur noch sich.

»Nun ist es wieder zu warm«, knurrte der Schweigsame auf dem Beifahrersitz, nachdem sie Freiberg passiert hatten und auf die Autobahnzufahrt bei Nossen zusteuerten. Der Mann am Steuer hatte sich entschlossen, auf die A 14 zu fahren, um vielleicht ein paar Minuten rauszuholen. Der Nörgler an seiner Seite ging ihm zunehmend auf die Nerven. Nicht nur wegen seiner wenigen Einwürfe. Die Chemie zwischen ihnen stimmte einfach nicht. So etwas gab es: Man begegnete einem Menschen zum ersten Male und fühlte sich sogleich abgestoßen, verspürte eine tiefe Aversion, deren Ursprung nicht erklärbar war. Ein innerer Widerstand hinderte einen daran, diesen Menschen auch nur annähernd sympathisch zu finden. So war es auch in diesem Falle. Was aber auf Gegenseitigkeit beruhte.

Der Blick des Beifahrers ging stur geradeaus.

»Es hat ja auch aufgehört zu schneien«, antwortete der Fahrer und registrierte, wie der Mann neben ihm den Kopf langsam in seine Richtung drehte. Mit dem gleichen Tempo öffnete er seinen Mund und sagte: »So?« Dabei dehnte er den Vokal und zog ihn lang wie Kaugummi. Anschließend drehte er sein glattrasiertes Kinn wieder nach vorn. Hatte er die Ironie des Fahrers verstanden und auf diese Weise konterkariert, oder war er nur einfach doof und arrogant?

Der Mann hinterm Lenkrad konnte sich diese Frage nicht beantworten und schniefte nur kurz. Dann entschloss er sich, von seiner Gewohnheit abzuweichen.

»Woher kommen die?« Er drehte seinen Kopf über die rechte Schulter und deutete mit der Bewegung an, wen er mit »die« meinte.

»Aus Asien.«

Der foppte ihn. Dass es keine Afrikaner waren, hatte er selbst bemerkt.

»Tatsächlich? Ich hatte auf Amerika getippt.«

Er blinkte, nachdem die Autobahnunterführung durchquert war, und bog auf die Zufahrt zur A 14 ein. Nach wenigen Metern schon war die Spur neben der Trasse erreicht. Er warf einen prüfenden Blick in den Rückspiegel, der Verkehr auf der Autobahn tröpfelte. Dann gab er Gas, schaltete hoch und ruckelte sich auf seinem Sessel zurecht.

Der Mann auf dem Beifahrersitz schaute unverändert stur nach vorn auf die feuchte Betonpiste vor dem Auto. Regen war auch hier übers sächsische Land gezogen, der Himmel wie gewohnt trübe und seit Tagen bedeckt. Wer noch keine Novemberdepression hatte, bekam sie jetzt bestimmt. Vielleicht hat der schon eine, dachte der Fahrer und musterte seinen Nachbarn aus den Augenwinkeln.

»Was machen Sie eigentlich sonst?«

Der Beifahrer verzog keine Miene und schaute geradeaus.

Kilometer um Kilometer fraß das Auto die Straße in sich hinein und spuckte sie hinter sich wieder aus. Leitplanken wiesen die Richtung.

Der Beifahrer schwieg unbeeindruckt. Er tat, als habe er nichts gehört.

Plötzlich tauchte am rechten Fahrbahnrand eine Tafel mit der Abbildung eines Trucks auf: »Achtung, Kontrolle nach 1000 m!«, dahinter ein Schild »60 km/h für Lkw«.

Nach 500 Metern folgte das nächste Schild: »Lkw-Kontrolle 500 m.«

In der Ferne sah man ein Männchen mit Warnweste und weißer Polizeimütze am Straßenrand stehen.

»Scheiße«, sagte der Fahrer. »Das war's.«

»Bist du vielleicht ein Lkw?«, sagte der andere Mann ungerührt und verströmte die Gelassenheit eines Schäfers, der den friedlich grasenden Schafen zusieht.

Langsam, mit den vorgeschriebenen sechzig Stundenkilometern, rollte der B 1000 auf den Polizisten zu. Doch der zeigte sich völlig uninteressiert an dem Kleintransporter, seine Kelle blieb unten. Der Fahrer atmete erleichtert auf und gab Gas. Rechts auf dem Parkplatz standen etliche Schleppzüge, an denen sich Uniformierte zu schaffen machten. Papiere, Ladung, Reifen, offenkundig allgemeine Verkehrskontrolle.

»Brummis, nicht Barkas«, murmelte der Beifahrer unbeeindruckt, um nicht zu sagen gelangweilt. Dann brach wieder eine lange Schweigephase an. Nur das helle Knattern des Zweitaktmotors unterm Blech und das Pfeifen des Fahrtwindes waren zu vernehmen. Draußen flog die Landschaft im Halbdunkel des Novembertages vorbei.

»Sollten wir nicht mal eine Pinkelpause einlegen?«, fragte der Fahrer vorsichtig, nachdem sie bei Döbeln die Autobahn verlassen hatten.

»Ich muss nicht pinkeln.«

»Aber vielleicht die da hinten?« Der Fahrer bewegte wieder den Kopf.

»Die Fidschis können das ab. Die sind hart im Nehmen.« Der Beifahrer griente. »Notfalls pissen sie ins Auto.«

Der Fahrer schüttelte sichtlich verärgert den Kopf. »Das sind doch auch Menschen.«

»Habe ich was anderes gesagt?«

Nach diesem ellenlangen Wortwechsel, der der längste auf dieser Reise sein würde, versanken beide Männer wieder in tiefes Schweigen, das bis zum Neumarkt in Oschatz anhielt. Dort stoppte der Wagen Viertel nach drei. Die Parkplätze zwischen Rathaus und Brunnen waren nur nur mäßig belegt. Der Beifahrer zeigte auf einen schwarzen 5er BMW mit Leipziger Kennzeichen und forderte den Fahrer auf, daneben zu halten. Das tat dieser. Dann stellte er den Motor ab. Aus der Limousine stieg ein Mann, der vom Barkas-Beifahrer, welcher ihn zu kennen schien, erstaunlich freundlich begrüßt wurde. So hatte er die ganze Zeit im Auto nicht ansatzweise gelächelt.

Auch der Fahrer stieg aus und umrundete seinen Kleintransporter, um die Ladetür aufzuschließen.

»Alles okay?«, fragte ihn der BMW-Pilot zur Begrüßung, mehr nicht.

Er nickte. »Alles okay.«

»Und warum kommst du so spät? Fünfzehn Uhr war vereinbart.«

»Im Erzgebirge herrschte dichtes Schneetreiben, da ging's nicht so schnell voran.«

»Und die Ware ist frisch?«

»Ich denke schon.« Der Fahrer öffnete die Tür und räumte einige Kartons beiseite, die während der Fahrt heruntergefallen waren. »Ihr könnt rauskommen«, rief er ins Wageninnere, wobei er nicht wusste, ob er auch verstanden wurde. Aus der Tiefe des Wagens kamen Geräusche, die Botschaft schien angekommen. Nacheinander zwängten sich die drei Vietnamesen durch die Kartons und stiegen aus. Draußen gingen sie als Erstes in die Knie, richteten sich wieder auf, drückten den Rücken durch. Ihnen steckte die unbequeme Fahrt sichtlich in den Gliedern. Wie alt die drei waren, konnte der Fahrer auch jetzt nicht sagen: Bei den Asiaten verschätzte er sich oft. Meist waren sie jünger, als sie aussahen. Aber das konnte ihm auch egal sein. Er hatte seine Fuhre gemacht, der Job war erledigt.

Der BMW-Fahrer zeigte auf sein Auto. Die Vietnamesen verstanden ihn sofort, ohne dass ein Wort gefallen war. Es sah aus, als machten sie eine solche Tour nicht zum ersten Mal. Zumindest aber wussten sie Bescheid. Sie schlüpften lautlos in den Fond des Edelschlittens.

Der Mann, der sie begleitete und die ganze Zeit auf dem Beifahrersitz im Barkas gesessen hatte, stieg ebenfalls in den schwarzen Wagen. Er nahm dort wieder auf dem Beifahrersitz Platz und zog die Tür zu, ohne dass er den Fahrer des Transporters noch eines Blickes oder gar eines Abschiedswortes gewürdigt hätte.

Arschloch, dachte dieser, und griff nach dem Umschlag, der ihm von dem Mann aus Leipzig gereicht worden war. Er schaute hinein, fünf grüne Scheine, so wie verabredet. »In Ordnung«, sagte er und tippte sich mit zwei Fingern an die Schläfe. »Stets dienstbereit zu ihrem Wohl ist immer der Minol-Pirol.«

Der Mann war zweifellos ein Zugereister aus den alten Bundesländern, denn er kannte nicht den Werbespruch des einstigen Mineralölmonopolisten von hier, der von der Treuhandanstalt an einen französischen Konzern verkauft worden war. Der hatte seine eigene Firmenfahne hochgezogen. Aber woher sollte der Westler das wissen? Er hatte gewiss andere Aufgaben zu managen.

Der schwarze BMW mit dem Leipziger Kennzeichen fuhr Richtung Norden. Die Hände des Fahrers – Mitte dreißig, gepflegtes Äußeres – steckten in Halbfingerhandschuhen.

Sie umklammerten lässig das hölzerne Lenkrad. Fehlte nur noch die Sonnenbrille. Doch das gab das trübe Halbdunkel nicht her. Er fiel schon genug auf in dieser ländlichen Umgebung.

»Wo hast du die aufgetrieben?« Die Lautfärbung der Sprache deutete auf Rheinland, er schien aus der Kölner Gegend zu kommen. Vielleicht auch Düsseldorf.

Der namenlose Beifahrer, zumindest benutzte der Fahrer aus vermutlich konspirativen Erwägungen keinen, wie auch dieser den Namen seines ihm gewiss bekannten Sitznachbarn nicht gebrauchte, zeigte mit dem Daumen über seine Schulter. »Meinst du diese drei Figuren? Den Transporter mit dem Fahrer hattet ihr ja von Leipzig aus bestellt.«

Der Fahrer beschleunigte das Fahrzeug, als sie das Ortsschild passierten. Ein roter Strich ging diagonal durch die »Große Kreisstadt«, Kreisstadt war Torgau, Oschatz hatte diesen Status in den neunziger Jahren verloren und schmückte sich mit dieser Bezeichnung, die nichts wert war.

»Ja, ich meine die drei Fidschis.«

»Die hattet ihr doch bestellt. Drei Männer, die eine Plantage betreuen sollen.«

Der Fahrer schüttelte unwirsch den Kopf. »Das weiß ich. Ich will wissen, wo du die drei Typen aufgetrieben hast. Sind die sauber? Hast du das überprüft?« Er blickte kurz hinüber und schaltete mit der rechten Hand.

»Ja, ich denke schon, dass sie sauber sind. Aber du weißt doch selbst, dass immer ein Restrisiko besteht. Da kann immer einer dabei sein, der meint, eine Daueraufenthaltserlaubnis dadurch zu bekommen, dass er singt und sich der Staatsanwaltschaft als Kronzeuge andient. Aber die hier«, er drehte sich nach hinten, »sollten okay sein. Ich kenne den Vermittler gut. Der weiß, dass er Ärger kriegt, wenn er uns Pflaumen verkauft.« Er drehte sich wieder zurück und schaute nach vorn durch die Windschutzscheibe. »Den Kontakt hat ein Vietnamese aus Riesa vermittelt. Von dem stammt auch der Tipp mit dem leerstehenden Bauernhaus in Liebschütz.«

Der Saubermann am Lenkrad im dunklen Anzug mit Weste nickte. Er hatte verstanden. Fast alle in Europa lebenden Vietnamesen schienen mit- und untereinander verbunden, sie bildeten eine grenzüberschreitende Community. Die Leute arbeiteten diszipliniert, waren ausdauernd und leidensfähig. Entweder knieten sie sich in ein eigenes Gewerbe oder sie verdingten sich bei Dritten. Selbst wenn diese Jobs belastend waren und mitunter harte persönliche Konsequenzen forderten, übernahmen sie sie und fragten nicht, was passieren könnte, gerieten sie dabei mit dem Gesetz in Konflikt. Die Vietnamesen waren fleißig, anspruchslos und stellten keine Fragen. Sie verkauften geschmuggelte Zigaretten und bauten Hanf an in illegalen Plantagen, sie taten alles, um zu überleben, und passten sich den wirtschaftlichen Bedingungen an, die im Lande herrschten.

»Sprechen die Deutsch?«

»Keine Ahnung.« Der Beifahrer drehte sich erneut zu den Männern im Fond um. »Versteht ihr Deutsch?«

Die drei lächelten, wie es Menschen überall auf der Welt tun, wenn sie angesprochen werden und nur Bahnhof verstehen. Sie zeigten ihre weißen Zähne und sagten kein einziges Wort. Ihre Augen wurden noch schmaler als üblich.

»Ach du Scheiße«, sagte der Fahrer. »Wie willst du denen dann überhaupt erklären, was sie machen sollen?«

»Naja, sie wissen das schon. Die machen das nicht zum ersten Mal, hat uns der Rieseaer Fidschi versichert. Vermutlich kommen die mit dem Zeug allein klar. Die Technik ist bereits auf dem Gehöft, der Samen, die Gefäße, Erde, Wasser und so weiter.«

»Und wie willst du ihnen begreiflich machen, dass sie den Strom erst besorgen müssen? Das ist doch das Problem. Der Hof ist ohne Energie, das Netz abgeklemmt.«

»Im Haus, ja. Aber auf der Zuführung ist noch Saft. Da müssen die ran. Notfalls müssen sie die Leitung auf der Straße anzapfen. Auch das sollen sie schon mal gemacht haben.«

»Und du meinst wirklich, die können das?« Der Fahrer warf einen skeptischen Blick nach hinten. »So wie die aussehen, können die keiner Fliege etwas zuleide tun.« Er lächelte gequält. Die Vietnamesen lächelten zurück. Sie ahnten, dass über sie gesprochen wurde.

»Do you speak Englisch?«

Der Mann in der Mitte nickte. »A little bit.« Die Aussprache war hart, die Ansage laut. Nicht weich und melodisch wie andere Sprachen, denn ihre eigene war es ja auch nicht. Der Krieg und die nachfolgenden schweren Jahre hatten Millionen Vietnamesen außer Landes getrieben und über die ganze Welt verstreut. Allein in Ostdeutschland sollen um die hunderttausend von ihnen gelebt, gearbeitet oder gelernt haben. Nach dem Untergang der DDR wies die Bundesregierung sie aus, bezahlte sogar die Rückflüge. Doch viele Vietnamesen tauchten ab oder wichen nach Polen und Tschechien aus, andere beantragten, bleiben zu dürfen. Inzwischen lebten offiziell mehr als achtzigtausend vietnamesische Staatsbürger in Deutschland, hinzu kamen nicht wenige Illegale und auch Vietnamesen mit deutscher Staatsbürgerschaft. Man schätzte, das inzwischen etwa vierzigtausend Vietnamesen einen deutschen Pass besaßen. Dass in einem Land, in welchem alles geregelt, erfasst und registriert wurde, den Behörden nicht genau bekannt war, wie viele Vietnamesen und deren Nachkommen tatsächlich hier lebten, wurde damit entschuldigt, dass Vietnamesen besonders integrationsfähig seien. Keine zweite Zuwanderungsgruppe habe sich hierzulande derart angepasst, bis hin zur Übernahme deutscher Verhaltensmuster. Nicht selten seien die Kinder von Vietnamesen die besten Schüler, weil sie wüssten, dass Bildung eine elementare Voraussetzung für ein erfolgreiches Leben ist, hieß es offiziell.

»Where do you come from?«, erkundigte sich der Fahrer, und seine Frage schien nicht aus dem Bedürfnis gespeist, sich im Small Talk zu üben. Er wollte wirklich wissen, woher die drei kamen und ob sie die richtigen Leute für den Job waren, den sie in den nächsten Monaten ausüben sollten.

Der Vietnamese, der vorgab, ein wenig Englisch zu sprechen, lächelte wieder und schien in seinem Kopf nach Vokabeln zu suchen. Dann berichtete er, immer wieder durch Zwischenfragen unterbrochen, in holperndem Englisch, dass sie alle drei seit Jahren schon in Tschechien wohnten. Sie seien damals der Einladung von Verwandten gefolgt, die schon seit den achtziger Jahren in Europa lebten. Kennengelernt hätten sich die drei erst hier. Sie stammten aus dem Süden Vietnams und hatten dort ähnliche Erfahrungen machen müssen, weshalb sie dem Ruf der Verwandten gefolgt waren. In ihren Dörfern hatte es keine Arbeit gegeben und darum für sie keine Zukunft, weshalb sie sich Geld geliehen hatten, um in das reiche Europa zu gelangen. Ihre Verwandten hatten das meiste Geld für die Reise gegeben, was sie natürlich zurückhaben wollten. Und deshalb hatten sie ihnen Jobs vermittelt, auch diesen hier.

»Ihr wisst, was ihr machen sollt?«, fragte der Leipziger vorsichtshalber nach.

Der Vietnamese, der für die drei sprach, nickte. »Grow hemp, yes.«

Ob sie das schon einmal gemacht hätten und wüssten, wie kompliziert es sei, eine Indoor-Hanfplantage zu betreiben.

Der Vietnamese nickte wieder. Ja, er kenne sich damit aus. Dort, wo er jetzt lebe, habe er schon einmal bei einem Landsmann mitgeholfen. Insbesondere in der Nähe zur deutschen Grenze würde es viele Grow-Räume geben. Die tschechischen Behörden gingen mit Verkauf und Anbau von Cannabis fast so liberal um wie die Holländer, der Besitz von fünfzehn Gramm sei ebenso erlaubt wie fünf Hanfpflanzen auf dem Balkon, und wenn es ein wenig mehr waren, schaute die Polizei auch schon mal durch die Finger. Nur manchmal würde sie scharf kontrollieren und zuschlagen. Vor allem wenn in der deutschen Presse mal wieder der grenzüberschreitende Rauschgift-Handel skandalisiert worden war. Dann setzte automatisch der Aktionismus ein.

Nach einem halben Jahr wäre die Miliz dabei auch auf ihre Plantage gestoßen und hätte diese ausgeräumt. Er aber habe doppeltes Glück gehabt: Als die Polizei kam, war er nicht vor Ort, weil er gerade »as a capman« unterwegs gewesen sei, also Haschisch über die Grenze geliefert habe. Und der Betreiber der Plantage, ein Tscheche, habe bei der Vernehmung nicht verraten, wer alles bei ihm mitgemacht hatte. So war nur er zu zweieinhalb Jahren verurteilt und nach zwanzig Monaten entlassen worden.

»Und, was macht er jetzt?«

Der Mund des Vietnamesen wurde noch breiter, als er ohnehin war. Er koche jetzt aus Lithium-Batterien und Ephedrin-Tabletten, Batteriesäure, Abflussreiniger, Lampenöl und Frostschutzmittel Crystal Meth. Da seien der Aufwand und der Materialeinsatz nicht so hoch und die Einnahmen beachtlich. Höher jedenfalls als mit Hanf.

Die beiden Deutschen schlugen sich anerkennend auf die Schenkel im feinen Zwirn, den sie sich ohne solche willigen Hanfbauern vermutlich nicht würden leisten können. Auf der anderen Seite war ihnen klar: Ohne Hanf, die Einstiegsdroge, würde das Geschäft mit Crystal nicht laufen. Sie bereiteten faktisch den Grund, rollten den Teppich aus.

Inzwischen hatten sie eine Siedlung namens Gaunitz passiert und Liebschütz erreicht. In der Dorfmitte machte die Straße einen Bogen nach rechts, fast um neunzig Grad, doch der Fahrer lenkte das Auto geradeaus und bog in eine Seitenstraße ein, die auch noch so hieß.

»Seitenstraße 3«, sagte er. »Das ist es.«

Zur Rechten erhob sich die renovierte Kirche. Dahinter eine Grünfläche mit Tümpel. Auf der linken Straßenseite standen einige Bauerngehöfte, keineswegs winzig, sondern von beachtlicher Ausdehnung. Drei Bauten um einen Hof, das zweiflügelige Tor zur Straße. Ein Gehöft war zerfallen und nur noch Ruine. Lediglich der rechte, der dritte Flügel war noch bewohnt. Die Dorflaternen davor warfen bereits ihr Licht auf den Asphalt, es ging auf vier Uhr zu und es war später Herbst. Der Fahrer steuerte langsam den BMW in die Einfahrt zur Nummer drei, stoppte vorm

Hoftor und stieg aus. Im Licht der Scheinwerfer suchte er in einem Bund, das er zuvor aus dem Handschuhfach genommen hatte, nach dem Schlüssel für die Tür. Dann fand er ihn und sperrte die Pforte auf. Geräusche hinter dem Tor verrieten, dass er die hintere Verriegelung löste – ein quergelegter Balken, der lediglich aus der Arretierung gehoben werden musste. Ein Torflügel öffnete sich, dann der zweite. Der Mann mit den Halbfingerhandschuhen kehrte zurück, setzte sich wieder hinters Lenkrad und fuhr auf den Hof.

Der Beifahrer stieg aus, die drei Vietnamesen blieben im Wagen. Die beiden Männer verschlossen das Hoftor wieder.

»Du kannst den Fidschis sagen, dass sie jetzt aussteigen dürfen. Jetzt sieht sie keiner mehr«, sagte er.

»Wir sehen aber auch nichts mehr. Hast du eine Taschenlampe? Du hast vorhin gesagt, der Strom sei abgestellt. Da ist es auch im Haus finster wie in einem Bärenarsch. Wie soll man da was erkennen?«

»Keine Panik auf der Titanic, Alter. Auch daran habe ich gedacht.« Der Leipziger schloss die Heckklappe auf und wies auf mehrere Handleuchten. »Bedien dich.« Auch die Vietnamesen, die inzwischen aus dem Auto geklettert waren, griffen sich je eine Lampe und ließen sich erklären, wie diese an- und auszuschalten ging. Dann folgten sie den beiden Deutschen zur Haustür. Nachdem sie eingetreten waren und sich die Tür hinter ihnen schloss, klärte sie der Mann mit den Handschuhen auf Englisch auf und – »wie heißt du eigentlich?« – Hoan übersetzte seinen Landsleuten, was die Langnase mit ihnen vorhatte.

»Wir gehen jetzt durch das ganze Haus und schauen uns alle Räume einzeln an, vom Keller bis zum Dachboden. Ich sage, was ihr machen müsst.« Dann aber fiel ihm ein, dass es vielleicht sinnvoll wäre, klärte er die Vietnamesen zunächst über grundsätzliche Verhaltensregeln auf.

»Erstens müssen alle Fenster in den Räumen, in denen ihr euch aufhaltet, mit schwarzer Folie abgedichtet werden. Es darf draußen kein Licht zu sehen sein. Das Haus steht seit Jahren leer, das wissen alle im Dorf. Wenn die Leute draußen mitbekommen, dass hier welche auf dem Hof sind, kriegt ihr gleich neugierigen Besuch. Den können wir nicht gebrauchen. Zweitens, und das ist damit eigentlich schon gesagt, geht ihr nie auf die Straße! Ihr bleibt hier immer auf dem Hof.«

Hoan unterbrach ihn, um seinen Kameraden mitzuteilen, was der Mann, der sie hierhergebracht hatte, bis jetzt gesagt habe. Die Männer nickten nach jedem Satz. Nachdem Hoan geendet hatte, gab er dem Deutschen ein Zeichen.

Der hob wieder an zu dozieren. »Ihr dürft das Gehöft nicht verlassen. Ihr könnt euch natürlich im Hof bewegen und durch die anderen Gebäude laufen, aber immer ...« – er legte den Zeigefinger seiner rechten Hand quer über die Lippen und sah plötzlich aus wie Karl Lagerfeld, nur dass dessen Haarschopf weiß war, während dieser Mann einen dunklen Zopf trug. Aber die Vietnamesen kannten gewiss Karl Lagerfeld nicht. Vermutlich war dieser selbst jenem fremd, der ihm aufs Haar glich.

Sodann erklärte der Zopfträger, dass regelmäßig jemand vorbeikäme, um ihnen etwas zu essen und zu trinken zu bringen, darum müssten sie sich nicht kümmern. Der würde auch später die Ernte abholen. Wenn sie gut arbeiteten, müsste das bereits in etwa vier bis sechs Wochen das erste Mal der Fall sein.

Hoan übersetzte.

»Vâng«, sagten seine beiden Landsleute und nickten dazu.

So, sagte schließlich der Mann, jetzt würden sie zunächst in den Keller steigen. Er benahm sich wie ein Immobilienmakler, der Kaufinteressenten ein Objekt anpreisen wollte. Dabei hielt er sich gleich den professionellen Maklern bedeckt. Die sagten auch nicht, wer der wahre Eigentümer des Anwesens war und was ihn veranlasste, das Haus zu verkaufen. Vermittelte der Mann aus Leipzig nur oder war er selbst der Besitzer, hatte er das Haus geerbt oder erworben, oder besorgte er das Geschäft anderer? Das blieb alles unerwähnt, warum sollte er das auch ausplaudern. Die Hanf-Plantage war ein temporäres Objekt, man konnte nicht ewig den Schein aufrechterhalten, das Haus stehe leer. Wenn hier von Zeit zu Zeit ein Wagen vorfuhr, fiel das irgendwann auf. Irgendeiner im Kaff bekäme das mit, dann würde es sich herumsprechen und bald stünden auch die Bullen vor der Tür. Bis zu diesem Zeitpunkt jedoch mussten so viele Erträge wie möglich aus der Plantage gezogen werden, der Gewinn musste die Investition, die dann verloren war, nicht nur lohnen, also mehr als nur den Verlust kompensieren. Der Canny musste Profit abwerfen. Denn wozu zogen sie das Unternehmen auf, wenn nicht aus diesem einzigen Grund?

Die durchschnittliche Halbwertzeit solch illegaler Plantagen lag etwa bei einem halben Jahr, dann flog die Sache auf und war verbrannt. Die »Gärtner« kamen vor Gericht und ins Gefängnis, und wenn die Regeln der Konspiration eingehalten wurden, blieben die Initiatoren und Betreiber im Dunkeln und damit unerkannt. So war nun mal das Geschäft.

Sie stiegen die steinernen Stufen hinab, es roch muffig und modrig, die Luft schien so alt wie das Haus. Dann standen sie vor einer Maschine mit einem Kessel. Das sei die Hauswasserversorgung, sagte der Zopf. Die pumpt das Wasser aus dem Brunnen im Hof und speist es ins Hausnetz ein. Das Haus sei zwar pflichtgemäß wie alle Haushalte an die öffentliche Trink- und Abwasserversorgung angeschlossen worden, was aber die Besitzer nicht daran gehindert habe, ihre alte Anlage weiter zu benutzen. Die wollten Geld sparen.

»Und wir auch«, sagte der Mann und klopfte lachend mit seiner Handschuhhand auf den Kessel. Der klang hohl. »Denn wir brauchen viel Wasser für die Pflanzen. Und das muss ja niemand merken.«

Ach so, die Pumpe laufe elektrisch. »Damit kämen wir zum nächsten, zum eigentlichen Problem. Mitkommen«, sagt er, und stapfte auf den Stufen voran.

Oben, im Hausflur, öffnete er einen Verschlag unter der Treppe. Die Tür war abgeschrägt und knarrte unangenehm, als er sie aufzog. Der Lichtkegel seiner Lampe fiel auf ein schwarzes Kabel, dass in einen Stromzähler mündete. Das Rad hinter der Glasscheibe stand still und starr und bewegte sich nicht. Was Wunder: Die Stromzufuhr war unterbrochen, die Porzellansicherungen neben dem Zähler, auf denen der Staub von Jahrzehnten zu liegen schien, waren ihrer Funktion ledig.

»Strom liegt vermutlich hier an«, sagte das Double von Karl Lagerfeld und klopfte gegen das dicke schwarze Kabel. Und wenn nicht, dann müssten sie sich den Strom unauffällig von draußen holen. »Kriegt ihr das gebacken?«

»What does it means: baked?«, erkundige sich der Vietnamese, der keinen Zusammenhang zwischen einem

Stromkabel und der Aufforderung zum Backen herzustellen vermochte.

»Ah, verstehe«, sagte der Mann aus Leipzig, der sich im Wirrwarr der Idiome verirrt hatte.

Hier sei Strom, electrical power, die sie im Haus brauchten. Ob sie in der Lage seien, diese oder eine andere Leitung anzuzapfen? »To steal electricity.«

»No problem«, sagte Hoan ohne einen Moment des Nachdenkens.

»Really?«

»Of course.« Das wäre leicht. Dazu brauchten sie nur Werkzeug.

Davon gebe es in der Garage auf dem Hof reichlich, er werde ihnen nachher noch die Werkstatt zeigen, sagte der Zopfträger erleichtert. Denn der Strom war das A und O der ganzen Unternehmung. Ohne Energie konnten sie gleich einpacken.

Er schloss die Tür, die dabei den gleichen knarzenden Ton von sich gab wie beim Öffnen. Danach ging es in einen Raum, der mal die Küche war. In der Ecke stand eine alte Kochmaschine, wie man sie nur noch selten in sehr betagten Häusern fand. Mit gusseisernen Ringen über dem Feuerloch und einem Wasserbehälter, um den die heiße Luft strich, ehe sie im langen Ofenrohr verschwand. Das hing über dem Herd und mündete erst nach Metern im Schornstein. So hielt man früher die ganze Küche warm. Doch wer wusste das noch im Zeitalter von Ceranfeld und Mikrowelle?

Hinter der Tür stand ein Kühlschrank, links neben der Tür eine Spüle, darüber ein Elektroboiler. Alles dem Augenschein nach betriebsbereit, sofern Wasser und Strom flossen.

Blick in die Küche des Hauses

Auf dem Tisch standen einige Kartons mit Konserven und abgepackten Grundnahrungsmitteln sowie einige große Wasserflaschen, offenkundig die Verpflegung für die Vietnamesen. Wenn sie spezielle Wünsche hätten, sollten sie es gleich sagen, er werde veranlassen, dass der Kurier es beim nächsten Mal mitbringe. Ach so, sagte der Zopfträger, bevor er es vergesse. Er griff in seine rechte Innentasche und holte ein Handy heraus, dass er Hoan reichte. Auf diesem Telefon würden sie angerufen werden, wenn der Kurier käme, damit sie ihn gleich reinlassen könnten. Der rufe fünf Minuten vor seinem Eintreffen an, danach sollten sie ans Tor gehen und sofort öffnen, wenn er in die Einfahrt biege. Niemand dürfe das mitkriegen, das müsse ruckzuck gehen.

Hoan lachte. »Dawai, dawai …«

»Ich sehe, wir haben uns verstanden«, griente der Zopf, doch das sah niemand, weil kein Licht auf sein Gesicht fiel.

»Ihr telefoniert auf keinen Fall damit, this is only one way. Kein Anruf zu Hause, nichts. Wenn man nicht telefoniert, kann man auch nicht abgehört werden. Das ist zu eurer eigenen Sicherheit!« Die eindringliche Warnung verfehlte ihre Wirkung nicht. »Und die Fenster macht ihr auch dicht. Absolut dicht!« Er wies mit dem Lichtkegel seiner Lampe auf den Ballen schwarzer Folie in der Ecke. Daneben lagen mehrere Rollen Klebeband. Mit dem Abdichten der Fenster und Türen sollten sie als Erstes beginnen.

Hoan übersetzte, einer der Männer eilte dienstbeflissen zum Ballen.

»Doch nicht gleich. Erst wenn wir weg sind. Jetzt zeige ich euch noch die anderen Räume und Etagen.«

Im Erdgeschoss lagerte bereits das gesamte Equipment für die Plantage. Schläuche zum Bewässern, Hochleistungslampen, Kabel, Steckerleisten, Pflanzgefäße mit und ohne Abdeckung, unzählige Säcke mit Blumenerde, Filter, Rohre, Gebläse.

Er schlage vor, im Haus nur die Sämlinge zu ziehen und unterm Dach die Blütenstände zu trocknen, die Plantage aber sollten sie in den Stallungen anlegen. Vielleicht sei es sinnvoll, sich diese anzusehen, denn hier im Hause gäbe es außer den leerstehenden Zimmern nicht mehr viel zu besichtigen. In einem Raum lägen auch die Luftmatratzen und Decken, auf denen sie während der Dauer ihres Aufenthaltes schlafen könnten.

Hoan nutzte das Stichwort gleich für die Frage, wie lang sie denn bleiben sollten.

»Wie vereinbart: sechs Monate«, gab sich der Beifahrer entrüstet. Er meldete sich erstmals zu Wort, seit sie auf dem Hof waren. »Ein halbes Jahr. Das hatte ich euch doch vor der Grenze gesagt. Danach wird gewechselt. Eine andere Crew löst euch ab, und wir fahren euch wieder zurück nach Tschechien.«

Der Vietnamese winkte beschwichtigend ab. »»I know it, you told us.« Er habe lediglich noch einmal bestätigt bekommen wollen, dass spätestens Mitte April im nächsten Jahr der Job für sie erledigt sei.

»So ist es«, wiederholte der Zopf. »Finish at April.«

Hoan übersetzte und erntete zustimmendes Nicken bei den beiden anderen Vietnamesen. »Đúng vậy«, sagten sie, was so viel wie »Richtig« hieß.

Danach ging es auf den Hof. Der Dandy schlug einen Bogen um die Mitte, weil sich dort früher der Misthaufen befunden haben musste, von dem aber nichts mehr zu sehen war. Als die Bauern noch Bauern waren, zierte ein Misthaufen den Hof, im Geviert angehäuft, die Außenkanten geglättet und wie die Fransen eines Teppichs gekämmt, goldgelb das Stroh nach unten gebürstet. So sott der Mist das ganze Jahr vor sich hin, um im Herbst aufs Feld gefahren und untergepflügt zu werden, bevor die Wintergerste ausgesät wurde. Der Rest des Haufens folgte im Frühjahr, wenn der Pflug die Scholle aufriss und in der Schule die Kinder sangen: »Im Märzen der Bauer die Rösslein einspannt. / Er setzt seine Felder und Wiesen in Stand.«

Das war alles vergangen und vergessen, der ganze Hof war eben und frei. Gegenüber dem Wohnhaus und mindestens ebenso lang erstreckte sich der Stall. Der Riegel an der Tür rostete schon ewig vor sich hin und ließ sich nur schwer zurückziehen. Dann aber ratschte er zurück und die Pforte ließ sich öffnen. In den Angeln quietschen die rostigen Zapfen. Der Stall war sauber und gefegt, an den Wänden zogen sich die Futterkrippen hin, darüber, im Strahl der Taschenlampen erkennbar, hingen die Metallringe, an denen einst die Kühe festgebunden worden waren.

Links und rechts des Mittelganges reckten sich die Säulen, die die Decke trugen. Sie waren aus Eisen. Der Rost fraß sich durch den weißen Kalkanstrich, der gewiss vor Jahrzehnten aufgetragen und seither nie wieder erneuert worden war. An einigen Stellen sah man dunkle Flecken an der Decke, die von den Nestern stammten, welche einst von den Schwalben aus Speichel und Lehm kunstvoll angepappt worden waren.

Doch dafür interessierten sich die künftigen Hanfbauern und ihrer Auftraggeber nicht, ihr prüfender Blick galt einzig den Voraussetzungen, hier schon bald Grünzeug ziehen zu können. »Dort ist der Wasserhahn«, sagte der Zopf und lenkte den Strahl seiner Lampe an die Stirnseite. »Und eine Steckdose wird sich auch finden, Strom ist jedenfalls da, denn neben der Tür ist ein Lichtschalter für die Deckenbeleuchtung.«

Die kleinen Fenster waren von Spinnen mit Netzen zugehängt. Sie schauten wie Gardinen aus, das Stillleben eines Friedhofs. Fliegen hingen in den Netzen, vertrocknet, ohne ausgesaugt worden zu sein: Die Spinnen waren verschwunden wie die Kühe, die einst hier kalbten. Irgendwie trostlos. Und nun kamen die zweibeinigen Marodeure. Die Fenster müssten natürlich auch mit Folie abgedunkelt werden, sagte der Zopf. Ansonsten gebe es hier genug Platz für ein paar Tausend Pflanzen, sagte er, und wenn man genau hinschaute, sah man in seinen Augen bereits die Banknoten blitzen, die der Verkauf der Ernte einbringen würde. Er war vom Erfolg dieser Investition sichtlich überzeugt und verbreitete Optimismus.

Die Vietnamesen schien derlei Wohlgefühl nicht zu erreichen. Sie machten ihre Arbeit, dafür gab es Lohn, etwas mehr als üblich wegen des Risikos. Doch an den Umsätzen würden sie nicht partizipieren. Darum nahmen sie den fast orgiastisch zu nennenden Ausbruch des Mannes vor ihnen, im Dunkel eines ehemaligen Kuhstalls, teilnahmslos hin.

Die beiden Deutschen verabschiedeten sich schon bald vom Hof, sie hatten alles gesagt, die Aufgaben waren benannt. Sie mussten nicht dabei sein, wenn sich die importierten asiatischen Knechte an die Arbeit machten.

Man werde in einigen Tagen wiederkommen, um sich über den Stand der Vorbereitungen zu informieren, zuvor würde er, so der Zopfträger, über das Handy anrufen. Dann stiegen die zwei in den BMW, wendeten auf dem Hof und beobachteten im Licht der Autoscheinwerfer, wie die drei Vietnamesen das Hoftor vor ihnen öffneten. Sekunden später schluckte die inzwischen hereingebrochene Nacht die Rücklichter. Die Zurückgebliebenen schlossen das Tor und gingen mit ihren Taschenlampen ins Haus zurück.

Vier Tage später erschien im Schutze der Dunkelheit der nachtschwarze BMW mit Leipziger Kennzeichen wieder. Der Zopfträger kam allein und hielt es auch nicht für nötig, eine Erklärung abzugeben, warum sein Begleiter nicht dabei war. Er kam ins Haus und stieß vernehmlich einen Pfiff aus, was wohl als Anerkennung zu verstehen war.

»Congratulations, you have tapped the power line«, sagte er zu Hoan und klopfte diesem auf die Schulter. Dem waren wie allen Asiaten Gefühlsausbrüche fremd, doch dass der Beifall der Tatsache galt, erfolgreich die Stromleitung angezapft zu haben, war ihnen bewusst. Sie wollten die Tür unter der Treppe öffnen, um ihm das technische Kunststück zu zeigen, mit dem sie den Zähler und die Sicherungen gleichsam bei laufendem Betrieb überbrückt hatten, doch daran war der Kontrolleur nicht interessiert. Nachher sprang ihn vielleicht ein Lichtbogen an und er verbrannte in der elektrischen Hitze. Darauf hatte er wenig Lust. Er wollte es bei dem Rätsel belassen, wie es den Vietnamesen gelungen war, die Technik zu überlisten.

Sie führten ihn durch alle Räume, und er begutachtete befriedigt, dass zwar in einigen Zimmern Glühbirnen von der Decke baumelten und ihren Schein warfen, aber in allen Zimmern die Fenster verdunkelt waren. Wenig später schon stand er auf dem Hof und musterte mit kritischem Blick die Fassade. Doch nirgendwo drang auch nur ein Fitzelchen Licht nach außen. Respekt, dachte er, die Jungs hatten wirklich ordentlich gearbeitet.

Professionalität musste er ihnen auch anderenorts bescheinigen. In dem einen Raum, vermutlich war es mal das Wohnzimmer, keimten die Körner auf feuchtem Löschpapier. Zwei Ölradiatoren und eine Hochleistungslampe sorgten für die optimale Temperatur. Immer schön feucht halten, sagte der Zopf, als wüssten das die Vietnamesen nicht von selbst. Daneben standen bereits die Brutkästen, in die die Setzlinge kommen würden, sobald die erste Wurzel aus dem Korn gebrochen war. Dazu lag schon das Werkzeug bereit. Es müsse unbedingt noch mal abgekocht werden, mahnte der Zopf, es habe alles aseptisch zu sein, also keimfrei und fast steril. Hanf sei sehr empfindlich, vor allem in der Kinderstube.

Danach gingen sie hinüber in den Kuhstall. Auch dort war alles bereits vorbereitet, die drei Vietnamesen mussten Tag und Nacht geackert haben. Die ganze Fläche war zugestellt mit Pflanzkübeln, bereit zur Aufnahme der Hanfpflanzen. Unter der Decke baumelte ein Gewirr von Stromkabeln, aus denen einzelne zu Hochleistungslampen führten, von denen jede bald Licht mit zweitausend Watt auf die Pflanzen werfen würde. Mehrere Dutzend dieser Strahler hingen von der Decke. Wenn die alle brannten, würden mehrere Zehntausend Watt durch die Leitungen rauschen. Ob diese Installation das verkraften würde ...?

»We need some fans«, sagte Hoan.

»Fans?«, fragte der Zopf, dem die urspüngliche Bedeutung dieser englischen Vokabel nicht bewusst war. Er kannte Fußballfans und fragte mit allem Recht, was diese Leute hier zu suchen hätten. Der Vietnamese machte eine rotierende Bewegung mit der Hand, spitzte seine vollen Lippen und blies Luft hindurch. Nun dämmerte es der Langnase. »Du meinst Gebläse oder Ventilatoren.« Ja, stimmt, er schlug sich mit der flachen Hand vor die Stirn. Natürlich hatten sie auch in anderen Plantagen Wind gemacht, um den Hanfpflanzen vorzugaukeln, sie stünden auf einem Acker, über den der Wind ging. Das stärkte die Halme und stimulierte das Wachstum. Die Ventilatoren würde er noch vorbeibringen lassen, sie hatten ja noch einige Tage Zeit.

»Wird geliefert«, sagte er und wandte sich zum Gehen.

Auch diesmal reichte er den Vietnamesen zum Abschied nicht die Hand. Er trug noch immer seine Fingerlinge aus Leder.

Die Plantage im ehemaligen Rinderstall

Kurz vor Weihnachten wurde es in ganz Liebschütz dunkel. Nirgendwo brannte auch nur ein Lämplein. »Ist wieder Krieg?«, fragten die ganz Alten besorgt, die sich daran erinnerten, wie damals alle Lichter ausgegangen waren. Auch zu DDR-Zeiten hatte es gelegentlich Stromabschaltungen gegeben. In den sehr kalten Wintern fror die Kohle ein, so dass die Kraftwerke nichts zu feuern hatten und darum keinen Strom lieferten. Im Januar 1987 hatte zum Beispiel sibirische Kälte mit minus dreißig Grad in vielen Teilen des Landes die Energieversorgung zusammenbrechen lassen. Tausende Haushalte bekamen zeitweise keinen Strom, Wohnungen in Plattenbauten blieben kalt, Betriebe mussten die Produktion einstellen. Vergessen. Nur die Erinnerung an Krieg und Nachkrieg war wach.

Nein, es war nicht Krieg, zumindest nicht in diesem Teil der Welt. Wohl aber hatte es im Transformatorenhäuschen des Ortes geknallt, wie die mit dem Handy herbeigerufenen Elektriker des Notdienstes feststellten. Dort waren alle Sicherungen rausgeflogen. Als Ursache für die Selbstabschaltung kamen mehrere Momente in Betracht, darunter auch ein extrem hoher Energieverbrauch, der das alte Netz überfordert hatte. Doch diese Option schien den Elektrikern die unwahrscheinlichste zu sein. Warum sollte in dieser verschlafenen Siedlung plötzlich der Stromverbrauch durch die Decke gehen? Hatten sich alle Bewohner eine Sauna installieren lassen, die sie nun gleichzeitig hatten ausprobieren wollen? Unsinn, sagten sich die Fachleute für Stromversorgung. Es muss andere Gründe gegeben haben. Geschahen nicht hin und wieder Dinge zwischen Himmel und Erde, für die es keine naturwissenschaftliche Erklärung gab? Die Elektriker grübelten nicht länger und schalteten die Sicherungen wieder ein. Und es ward Licht in Liebschütz.

Für einige Zeit jedenfalls.

So um die Weihnachtszeit knallte es erneut im Transformatorenhäuschen und zu Beginn des neuen Jahres 2007 schon wieder.

Der führende Energieanbieter der Region, von diesen wiederholten Netzausfällen nicht nur irritiert, handelte getreu einer alten Geheimdienstdevise: Drei Zufälle sind keiner! Die zuständigen Fachleute witterten, mit allem Recht, dahinter Methode oder System oder wie immer man das nennen sollte. Warum nicht Sabotage, weshalb nicht der Rachefeldzug irgendwelcher Umweltaktivisten, die wünschten, dass man nur noch Ökostrom durch die Leitungen schickte? Andererseits: Bei der firmeninternen Kontrolle war deutlich geworden, dass der Verbrauch an Energie – ihrer Energie! – in den letzten Wochen in Liebschütz exorbitant gestiegen war. Und da es keine eingetragenen Kunden gab, die diesen Anstieg zu verantworten hatten, offenbarte die Logik: Da zog jemand illegal Saft aus der Leitung, was auf gut Deutsch hieß: Da klaute ihnen einer Strom, und zwar in Größenordnungen. Also erstattete der Konzern folgerichtig Anzeige gegen Unbekannt wegen Stromdiebstahls.

Die Anzeige wurde sehr ernst genommen, ein mobiles Einsatzkommando des Landeskriminalamtes, kurz MEK genannt, in Bewegung gesetzt. Es durchmusterte unauffällig den Ort, in dem das Unternehmen das Leck im Netz vermutete. Natürlich war das keine einfache Sache. Strom klaute man ja nicht mit einem Tieflader oder in einem Rucksack. Energie konnte man auch nicht sehen – allenfalls deren Wirkung. Es brachte irgendetwas zum Leuchten, Glühen, Brennen, Kochen oder trieb eine Maschine an.

Doch das MEK fand nichts. Bis auf ein totes Gehöft in der Seitenstraße, das gar nicht so tot war, wie es auf den ersten Blick schien. Zumindest behauptete das ein Dorfbewohner. Die Polizisten sahen zwar niemanden, doch auf dem Dreiseitenhof meinten sie Geräusche vernommen zu haben. Nicht eben laute, sie hatten schon sehr die Ohren spitzen müssen. Sie glaubten ein Surren und Summen gehört zu haben, als würden dort etliche Ventilatoren laufen. Eine Sinnestäuschung hielten sie für ausgeschlossen, aber so richtig glaubten sie nicht an ihre eigene Einschätzung. Ventilatoren auf einem verlassenen Bauernhof? Unmöglich. Und wenn es so wäre: Verbrauchten die so viel Energie, dass in der Transformatorstation am Ortsausgang gleich die Sicherungen rausflogen? Ausgeschlossen.

Sie informierten die für das Territorium zuständige Polizeidirektion Westsachen, welche sich in Torgau befand.

Sollten sich die Kollegen in der Kreisstadt der Sache annehmen, das MEK hatte seine Pflicht und Schuldigkeit getan, das war nicht der Beritt des Landeskriminalamtes, sondern fiel in die Zuständigkeit der unteren Ebene.

In Torgau landete der Vorgang auf dem Tisch des Leiters des Dezernats I, genannt Leben und Gesundheit. Das dort angebundene Kommissariat II bearbeitete Jugendkriminalität und Eigentumsdelikte, Rauschgift- und Bandenkriminalität. KHK Hartmut Zerche hatte die Mütze auf. Der Kriminalhauptkommissar war wie elektrisiert, als er die Mitteilung auf den Tisch bekam. Seit nunmehr zwölf Jahren beschäftigte er sich mit Rauschgiftdelikten in deren unterschiedlichen Erscheinungsformen, er erlebte, wie die OK – wie sie bei der Kriminalpolizei die Organisierte Kriminalität nur noch nannten – ständig zunahm. Das eine wie das andere war miteinander verflochten, wo produziert und gedealt wurde, war die Wirtschaft nicht weit. Er wusste von hierarchisch aufgebauten Organisationen, die sich mit ihren Netzwerken über das Land ausbreiteten, von Banden, die transnational operierten, für die es in jeder Hinsicht keine Grenzen mehr gab. Auch das Verbrechen globalisierte sich zunehmend, wovon man selbst in der abgelegenen sächsischen Provinz etwas mitbekam.

Die Kriminalpolizei kämpfte überall wie gegen Unwesen aus den Märchen, denen anstelle eines abgeschlagenen Kopfes zwei neue nachwuchsen. Wobei dieses Bild nicht ganz die Lage beschrieb: Sie schlugen ja keine Köpfe ab, allenfalls Zehen oder Finger, denn die tatsächlichen Köpfe trafen sie nie. Diese blieben abgeschirmt und zogen im Hintergrund die Fäden. Mit dem kriminell erwirtschafteten Geld korrumpierten sie Entscheidungsträger oder investierten es in Betriebe, in eigene oder fremde. Die Grenzen waren fließend. Was gestern illegal war, wurde heute gewaschen und morgen in die legale Wirtschaft eingespeist. Zerche kannte das nicht aus dem Fernsehen, sondern aus der Realität. Gewiss, die größten Schweinereien fanden in den Städten statt: Je größer der Ort, desto umtriebiger und aktiver die Banden. Die Anonymität war dort höher, und auch die ethnischen Gemeinden, die mitunter in einer Parallelwelt lebten, zählten immer mehr Köpfe. In Sachsen war Leipzig in der Kriminalitätsstatistik Spitzenreiter.

Zerche urteilte nüchtern, er war Realist. Er neigte weder zum Dramatisieren noch zur Untertreibung. Der merkwürdige Stromklau in Liebschütz konnte vielleicht eine ganz banale Sache sein oder eine ganz große Nummer. Für die Kollegen vom Landeskriminalamt schien Ersteres zuzutreffen, Pillepalle, Banane, weshalb sie ihnen in Torgau die Sache zugeschoben hatten. Nicht aus Bequemlichkeit oder Desinteresse, nein, es lagen einfach keine Anhaltspunkte vor, weshalb man Alarm schlagen und mit der großen Kavallerie anrücken sollte.

KHK Zerche mobilisierte die kleine Kavallerie – seine beiden Kollegen, mit denen er seit 1993 Rauschgiftdelikte verfolgte. Er hatte nämlich einen gewissen Verdacht. Erst unlängst wieder las er in der Fachzeitschrift des Bundes Deutscher Kriminalbeamter einige Beiträge, die sich mit Hanf und dessen illegalem Anbau in Deutschland beschäftigten. Dort sprach man bereits von regelrechten Hanfplantagen. War es völlig ausgeschlossen, dass es so etwas auch im Osten gab? Gerade hier, wo es auf abgeschiedenen Dörfern oft leerstehende LPG-Objekte gab, um die sich niemand kümmerte. Interessant fand Zerche in der internen Diskussion im Fachblatt *Der Kriminalist* die Verknüpfung von Rauschgiftkriminalität mit Organisiertem Verbrechen. Sprachen und schrieben Kollegen von der Bekämpfung der Organisierten Kriminalität, meinten sie damit zumeist den Kampf gegen Drogen. Für andere OK-Phänomene blieben oft nur wenige Ressourcen übrig, wie sie beklagten. Obwohl der volkswirtschaftliche Schaden und die Profite bei Wirtschaftskriminalität, Menschenhandel, Prostitution, Arzneimittelfälschung oder Zigarettenschmuggel immens gestiegen waren, schien man sich vorrangig auf die Drogen zu konzentrieren. Der Rest wurde vernachlässigt. Viele Kollegen fragten mit Recht, und auch Zerche stellte sich diese Frage: Ließen sich mit den angewandten Methoden Drogenhandel und -produktion auch nur ansatzweise eindämmen? Und sie stellten diese Frage vor dem Hintergrund einer in der Öffentlichkeit erhobenen Forderung nach Legalisierung des Hanfanbaus und -konsums. Dabei kollidierten ganz offensichtlich zwei Prinzipien miteinander. Einerseits hatte der Staat eine Fürsorgepflicht gegenüber der Bevölkerung, wozu auch die Gesundheitsvorsorge gehörte. Zu dieser, wenn man so will, prophylaktischen Maßnahme gehörte zu verhindern, dass gesundheitsschädigende Drogen verbreitet wurden. Andererseits garantierte das Grundgesetz in Artikel 2 aber auch jedem Menschen die freie Entfaltung seiner Persönlichkeit. Gehört zu diesem selbstbestimmten Leben nicht auch die Freiheit jedes mündigen Bürgers, darüber selbst zu entscheiden, ob er trinkt oder raucht, sich eine Leberzirrhose genehmigt oder einen Lungenkrebs bewilligt? Warum aber, wenn er sich diese individuelle Freiheit nahm, sollten dann die Folgen von der Gemeinschaft getragen werden? Das war ungefähr so, als erschlüge jemand Vater und Mutter und forderte anschließend vom Gericht ein mildes Urteil, weil er doch jetzt Vollwaise sei. Oder wie es Praxis in großen Konzernen und Banken war: Die Gewinne wurden privatisiert, also an die Anteilseigner ausgeschüttet – die Verluste hingegen sozialisiert, etwa indem zur Rettung von Arbeitsplätzen mit Steuergeldern das Unternehmen gestützt wurde oder die Arbeitnehmer aus gleichem Grunde zum Beispiel Lohnkürzungen hinnehmen mussten.

Zerche teilte diese »demokratische« Unentschiedenheit nicht. Er war kein Sowohl-als-auch-Typ. Das Bundesverfassungsgericht hatte 1994 in seinem sogenannten Cannabis-Beschluss ein Recht auf Rausch verneint. Diese Auffassung teilte er mehr denn je, seit er auch die Auswirkungen des Drogenkonsums verfolgte. Bitte, er hatte nichts dagegen, dass auch solche Fragen diskutiert wurden, ob die Legalisierung von Drogen die Beschaffungskriminalität eindämmen würde oder nicht. Und welche Reaktionen der Organisierten Kriminalität zu erwarten wären, wenn Haschisch legal auf dem Markt (»Aber bitte Bio!«) gehandelt werden würde. Alles legitim.

Und KHK Zerche verstand, dass die Befürworter der Freigabe die Heuchelei auch Heuchelei nannten, die im unterschiedlichen Umgang mit Alkohol und Cannabis sichtbar wurde. Während das eine als Lebensmittel und Kulturgut betrachtet wurde, nannte man das andere Gift. Das eine war legal, das andere strafbewehrt. Das verstieß zweifellos gegen den verfassungsrechtlichen Gleichheitsgrundsatz. Dabei war Alkohol weitaus gefährlicher als ein Joint, bei beiden kam es auf das Maß an. Die eigentliche Gefahr sah Zerche nicht im Konsum an sich, sondern in der Gefährdung Heranwachsender. Dort war das Risiko

am größten, dass aus dem Spaß Sucht wurde. Die Wahrscheinlichkeit war gering, dass ein Vierzigjähriger nach
einem Joint drogenabhängig wurde – dabei dachte er allerdings nicht an die Aufputsch- und Beruhigungspillen
mit Suchtpotenzial, die die Pharmaindustrie unablässig
auf den Markt warf. Zerche lehnte es schlicht ab, der Forderung nachzugeben: »Gebt das Hanf frei!« Mit einer
vollständigen Legalisierung zog man den Korken und ließ
den Geist aus der Flasche, den man nie wieder dort hinein-
bekommen würde. Zerche vertrat eindeutig die Fraktion
»Wehret den Anfängen!«

Mit seiner »kleinen Kavallerie« ritt er also nach Liebschütz. Es war Anfang Februar und mal wieder kein richtiger Winter. Die Temperaturen lagen durchgängig über
dem Gefrierpunkt, der Niederschlag, von dem es reichlich
gab, fiel stets nur als Regen. Sie nahmen die B 82 über Bel-
gern, die parallel zur Elbe verlief. In Strehla verließen sie
die Bundesstraße und fuhren nach Liebschützberg, dort
bogen sie zum Ortsteil Liebschütz ab. Die Gegend hatte
viel Ähnlichkeit mit der Uckermark, die Straße wand sich
durch Wälder, stieg Hügel hinauf und hinab und erlaubte
mancherorts einen weiten Blick. Verständlich, dass sich
viele Leipziger hier ein Wochenenddomizil gesucht hatten.
    Liebschütz, grübelte der Kollege auf dem Rücksitz. Hat
Amor bei der Namensfindung Pate gestanden? Er lachte.
    Unsinn, meinte Zerche, das sind doch hier alles slawi-
sche Ortsgründungen. Das hieß damals Lobeswicz oder so
ähnlich, und auch der Berg, an dessen Fuße sie siedelten,
habe so geheißen.
    Berg? Der Beifahrer kicherte. »Dass ich nicht lache.
Meinst du damit den Huckel dort?«

»Nun bleib mal auf dem Teppich. Der ist fast zweihundert Meter hoch und die zweithöchste Erhebung in der Region.«

»Und was ist die höchste?«

»Der Collmberg bei Wermsdorf, du Gnom. Über dreihundert Meter.« Zerche kannte sich aus.

»Da hat es doch mal eine Bürgerinitiave gegeben, die dagegen war, dass auf dem Berg ein Steinbruch eingerichtet wurde. Rettet den Höhenzug Liebschützberg e.V. oder so ähnlich.«

»Stimmt, der hatte mehr Mitglieder als Liebschütz Einwohner zählt«, sagte Zerche.

»Und wie viele Menschen leben dort?«

»Ein halbes Hundert vielleicht.«

»Ja, ja, alle hauen ab.«

»Stimmt, ist aber nicht die ganze Wahrheit. Vor hundert Jahren lebten hier auch nicht sonderlich mehr Leute.«

»Immerhin.«

Inzwischen hatten sie Liebschütz erreicht. Zerche zog es mal wieder vor, im Schatten der Kirche zu parken, die natürlich unter dem trüben Himmel keinen Schatten warf. Sie markierte aber, wie in den meisten Orten, auch hier die geografische Mitte.

»Lasst uns mal ein paar Schritte laufen«, sagte er, um auch gleich die Entschuldigung nachzuliefern. »Wenn dort welche auf dem Hof sind, müssen sie ja nicht gleich mitbekommen, dass wir im Anmarsch sind.«

»Wenn da welche sind! Ich glaube es nicht.«

»Es kommt nicht auf den Glauben an, sondern aufs Wissen.« Zerche glaubte nur, was er sah.

Sie gingen die Seitenstraße hoch, mit offenen Jacken. Es hatte aufgehört zu regnen. Der Ort schien ausgestorben, nichts war zu hören, nicht einmal ein Hund kläffte, und Hähne, sofern vorhanden, krähten um diese Zeit nicht. Die hundert Meter bis zum Gehöft, das die Hausnummer 3 trug, waren rasch zurückgelegt. Das Anwesen träumte vor sich hin wie die anderen im Dorf. Das Tor fest verschlossen, die Fenster mit Läden versperrt, von denen die Farbe blätterte. Friedhofsstille lag auf den Dächern. Links vom Wohnhaus, neben der Ruine, befand sich eine Wiese. Zerche trampelte darauf zu, weil er hoffte, von dort in ein Fenster schauen oder etwas hören zu können. Sofern es etwas zu hören gab: menschliche Stimmen, Bewegung, technische Geräusche. Irgendwas. Die beiden Kollegen blieben auf der Straße stehen, sie wollten sich im Gras nicht die Schuhe nass machen.

Die Musterung der Westseite des Anwesens erbrachte nichts. Auch der Versuch, ein Loch im Hoftor zu entdecken, durch das man hätte linsen können, verlief ergebnislos. Ein Gefühl jedoch sagte Zerche, dass da etwas sein musste. Nur was? Spaßeshalber drückte er auf die Klinke an der Tür neben dem zweiflügeligen Tor. Natürlich ging sie nicht auf. »Rückzug«, sagte er und trat als Erster auf die Straße. Er spürte Blicke im Rücken, aber vielleicht irrte er sich auch. Wenn man lange genug auf einer Wiese lag, hörte man am Ende das Gras wachsen.

Im Auto sagte er überraschend: »Jungs, lasst uns nach Oschatz fahren, ich schmeiß eine Runde.«

»Was ist in dich gefahren? Wir haben bald Feierabend.«

»Ja, und es wird Nacht und der Mond geht auf.«

Zerche hatte sich entschlossen, den Einbruch der Dunkelheit abzuwarten und dann noch einmal nach dem Objekt zu schauen. Wenn dort drin auch nur eine Glühbirne

Das Anwesen Seitenstraße 3 im Jahr 2017, heute von ehrbaren Bürgern bewohnt, die mit der Vergangenheit des Hauses nichts zu tun haben

leuchtete, müsste man draußen etwas sehen. Davon war er überzeugt. Doch die zwei, drei Stunden musste man in der Kälte nicht ausharren. Also lag es nahe, die paar Kilometer nach Oschatz zu rutschen, um in einem Restaurant zu warten und dann hierher zurückzukehren. Zu Hause wartete niemand auf ihn, den er hätte anrufen müssen, um seine Verspätung mitzuteilen.

Die Soljanka schmeckte köstlich wie gewohnt, mit Smetana in der Mitte der von Paprika roten Suppe, mit Gürkchen und Wurststücken, Zwiebeln und Letscho, Kassler und Tomaten. Dazu ein Bier und hinterher eine Tasse Kaffee – dann fuhren sie in den Kampf.

Sie parkten diesmal den Wagen in Sichtweite der Seitenstraße Nr. 3.

Die Laternen warfen einen Lichtkegel aufs Pflaster, doch sie standen zu weit auseinander, als dass sich hätte behaupten lassen, die Straße sei beleuchtet gewesen. In der Ferne kläffte ein Köter die Mondsichel oder eine vorbeistreunende Katze an, andere Hunde fielen ein. Nach einer Weile verstummten sie, sie waren des Bellens müde, und Ruhe kehrte wieder ins Dorf ein. Hier machte keiner etwas zu viel, nicht einmal die Hunde.

Das Gehöft stand schwarz und abweisend vor den drei Kriminalisten. Nirgendwo drängte ein Lichtspalt hervor, wie Zerche es gehofft hatte. Und so sehr er auch die Ohren spitzte: nichts, kein Ton drang nach außen. Hatten sie umsonst Soljanka gelöffelt? Der Zweifel kroch noch schneller an ihm hoch als die Kälte. Verdammt, das durfte nicht sein!

»Mach mal 'ne Räuberleiter«, forderte Zerche seinen Kollegen auf. Der stellte sich mit dem Rücken zur Tür und verschränkte seine Hände. Der Kriminalhauptkommissar griff nach der Schulter und stellte den Fuß in diese menschliche Schlinge. Dann zog er sich nach oben.

»Chef«, stöhnte der Untermann, »da haben wir wohl ein paar Kilo zu viel auf den Rippen.«

»Du vielleicht, ich nicht«, sagte Zerche mit gedämpfter Stimme. »Bei mir ist es nur ein Teller Soljanka ...«

Sein Kopf ragte deutlich über die Tür. Aufmerksam ließ er den Blick über den Hof gleiten, er hatte freie Sicht. Nichts, was ihm sofort ins Auge gefallen wäre. Er kniff die Augen zusammen. War da nicht was? Er glaubte ganz hinten am Stall einen schwach leuchtenden Streifen zu sehen. Oder sah er den nur, weil er ihn sehen wollte? Sein Blick wanderte weiter zum Wohnhaus, um sich abzulenken. Fenster: dunkel. Die Haustür ... Moment mal. War da nicht unten etwas am Tritt? In den alten Häuser war in der Regel die Schwelle ausgetreten. Generationen von

Bauern schlurrten mit Holzsohlen und Stiefeln darüber und hatten auf diese Weise in Jahrzehnten, mitunter in Jahrhunderten eine Delle in den Stein gefräst. Dadurch schloss die Tür selten bündig. Zerche konzentrierte sich auf den unteren Teil des Eingangs.

»Ich kann dich kaum noch halten«, kam es von unten. »Wie lange brauchst du noch?«

»Gleich«, zischte Zerche von oben. »Ich glaube, ich sehe was.«

»Sieh bitte etwas schneller«, drang es an Zerches Ohr. Dann seilte er sich ab.

Der Kollege rieb sich die Hände. Nicht nur um seine malträtierten Werkzeuge zu beleben, sondern auch um den Straßenschmutz von Zerches Schuhen, der nun an seinen Händen klebte, unauffällig loszuwerden.

»Das kannste dir sparen«, sagte Zerche, der ihn dabei beobachtete. »Deine Flossen werden gleich noch mal gebraucht!«

»Nein.«

»Doch.«

»Oh.«

»Habt ihr Handschellen dabei?«

»Im Auto, ja. Was hast du vor?«

Zerche machte eine Handbewegung und forderte sie zum Gehen auf. »Licht«, sagte er, »ich habe Licht gesehen.«

»Halleluja«, rief der eine Kollege aus, und der andere fiel ein: »Unser Chef hatte eine Erleuchtung, gelobt sei der Herr.«

»In Ewigkeit, Amen«, gab Zerche zurück. »Lasst mal den Quatsch, wir sind hier nicht in Münster, sondern in Liebschütz.«

»Und was heißt das?«

»Im Haus brennt eindeutig Licht. Die Fenster sind alle abgedunkelt, aber an der Tür haben sie vergessen, dass die Schwelle eine Delle hat. So sieht man das Flurlicht. Und auch die eine Stalltür ist nicht ganz dicht. Also, für mich besteht kein Zweifel: Da brennen ein paar Tausend Watt.«

»Und das heißt?«

»Dort wird Hanf gezogen. Im großen Stil.«

»Eine Plantage also.«

Zerche nickte, was aber in der Dunkelheit kaum zu sehen war.

»Was schlägst du vor? Durchsuchungsbeschluss besorgen, LKA anfordern?«

»Nee, darauf habe ich keinen Bock. Es ist Gefahr im Verzuge – wir gehen dort rein.«

»Worin soll die Gefahr bestehen?«

»Dass es wieder einen Kurzschluss im Trafohäuschen gibt, ganz klar.«

»Und wenn die uns über den Haufen ballern?«

Zerche lachte leise auf. »Du siehst zu viele Krimis im Fernsehen. Das sind Hanfbauern, harmlose Leute. Von denen hat nicht einer eine Pistole. Wetten, dass ...?«

Allerdings war der Einwand nicht ganz unbegründet. Unlängst hatten sie in Mecklenburg-Vorpommern eine Plantage ausgehoben, bei der ein Kollege schwer verletzt worden war. Die Betreiber hatten mit einer Art Selbstschussanlage die Räume gesichert. Der Polizist hatte einen Stolperdraht übersehen und den Schuss ausgelöst. Dutzende Schrotkugeln bohrten sich in ihn wie in einen Hasen, der auf freier Flur abgeknallt worden war. Seitdem waren nicht nur die Kollegen an der Küste etwas vorsichtiger.

Auch die in Brandenburg, wo unzählige Armee-Objekte, verlassen von NVA oder den Russen, illegal genutzt wurden. Man musste mit allem rechnen.

»Wir sind nur drei. Weißt du denn, wie viele dort herumturnen?«

»Keine Kompanie. Denk doch mal logisch. Ich weiß, dass dir das schwerfällt, deshalb bist du ja auch bei der Kriminalpolizei gelandet.«

»Könnt ihr eure Frotzeleien man lassen«, meldete sich der Dritte zu Wort. »Wir sind im Dienst.«

Zerche zwang sich, ernster zu werden. »Zum Überwachen einer Hanffarm brauchen sie nur wenige Leute. Es dürfen auch deshalb nicht so viele sein, weil mehr Leute objektiv mehr Lärm machen. Außerdem kann nicht jeden Tag ein Fahrzeug vom Konsum vorbeikommen, um was zu beißen zu bringen. Die sind dort wochenlang eingesperrt, nur ab und an kommt einer vorbei, der die Ernte abholt und Lebensmittel liefert. Käme er häufiger, würde es vielleicht auffallen. Dort drin sind maximal zwei Mann, vielleicht sogar nur einer. Darauf verwette ich meine Dienstmütze.«

»Und wenn du die Wette verlierst?«

»Kaufe ich mir eine neue Mütze.«

»Na, ich weiß nicht, mir ist nicht ganz wohl bei der Sache«, meldete sich jetzt der Dritte wieder. »Ich habe Familie, und die Pension ist auch nicht mehr fern ...«

»Nun ist aber Schluss«, ging Zerche dazwischen. »Schlappschwänze!« Dann entwickelte er seinen Plan. Er würde übers Tor steigen und es von innen leise öffnen. Dann ginge er mit Karl ins Haus, während Kurt unterdessen die hintere Stalltür sicherte. Sollte jemand herauskommen: sofort festnehmen. Käme niemand: umso besser.

Wieder machte einer die Räuberleiter, und Zerche schwang sich stöhnend und schnaufend übers Tor. Mit einem dumpfen Schlag ging er jenseits zu Boden, dann knirschte der Riegel und langsam bewegte sich ein Flügel. Die beiden Kriminalisten schlüpften stumm durch den Spalt. Zerche schloss das Hoftor und arretierte den Riegel wieder. Mit seiner Rechten deutete er die Richtung, in die sein Kollege ans Ende des Hofes laufen sollte, dorthin, wo er die Tür zum Stall vermutete, aus dem er einen schmalen Lichtstreifen hatte fallen sehen. Er selbst eilte, begleitet vom zweiten Mann, zur Haustür. Zerches Hoffnung, dass diese unverschlossen sei, erfüllte sich. Ohne große Mühe ließ sie sich öffnen. Eine einzelne Glühbirne mit Fassung baumelte an einem Draht von der Flurdecke, vermutlich nicht mehr als 25 Watt, denn sonderlich hell war sie nicht. Wozu auch?

Ein leichtes Summen schwang durchs Haus, es war nicht zu überhören. Doch draußen hatten sie nichts vernommen: Die dicken Ziegelwände schluckten nicht nur sommers die Wärme und die Kälte im Winter, sondern auch den Schall. Stromdrosseln, Ventilatoren, egal, es vibrierte die Luft, in der ein bekannter Pflanzengeruch hing.

Langsam bewegten sich die beiden vorwärts. Die Pistole im Anschlag schoben sie sich vorsichtig bis zur ersten Tür. Ein kurzer Blick in die Küche. Leer. Im nächsten Raum das gleiche Bild. Niemand da. Auf den Tischen jedoch keimten Körner auf feuchtem Papier in großer Zahl, Zerche wusste Bescheid und fand seinen Verdacht bestätigt. Bis auf das Brummen herrschte absolute Stille im Haus. Irgendwo mussten die Hanfbauern doch sein? Oder steckten sie im Stall?

Ein Raum mit Hunderten Hanfpflanzen im Bauernhaus

Zerche und sein Kollege arbeiteten sich im Erdgeschoss von Zimmer zu Zimmer. Sie sprachen kein Wort und verständigten sich lediglich durch Blicke und Gesten. Nachdem der letzte leere Raum erkundet war, stiegen sie langsam die Treppe hinauf. Das Summen nahm merklich zu, und Zerche glaubte sogar, dass es ein wenig wärmer zu werden schien. Aber das konnte auch eine Täuschung sein, wozu der ziemlich intensive Hanfgeruch beitrug. THC waberte durch die Korridore und benebelte leicht die Sinne. Alle Türen waren entfernt, die Öffnungen wie der ganze Raum mit Folie verhüllt, um wie in einem Gewächshaus ein Mikroklima zu schaffen und zu halten.

Hinter der durchsichtigen Folie bewegten sich Schemen. Mindestens zwei Personen beugten sich über das Grünzeug und schnitten, wie zu vermuten war, die Blütenstände von den Pflanzenspitzen. Vorsichtshalber schaute Zerche noch durch andere Türrahmen. In den übrigen Räumen war nichts Auffälliges zu sehen. Wahrscheinlich waren die beiden Schatten die einzigen im ganzen Haus. Er kehrte auf Zehenspitzen zu seinem Kollegen zurück, der die ganze Zeit mit gezogener Dienstwaffe am Türrahmen gestanden hatte.

Ein kurzes Kopfnicken, dann schlug Zerche die Folie beiseite und stürmte hinein.

Die beiden Männer zwischen den Hanfpflanzen richteten sich erschrocken auf. Auch ohne die Worte der Beamten zu verstehen, wussten sie, was dieser Besuch bedeutete. Die Ansage mit den Pistolen, deren Läufe sich auf sie richteten, war unmissverständlich, sie wurde in jeder Sprache verstanden. Die Hanfbauern, die unzweifelhaft aus Asien stammten, standen starr und taten nichts. Was hätten sie auch unternehmen sollen? Fliehen? Wohin? Und wozu? Sie fügten sich ergeben in ihr Schicksal. Bereitwillig ließen sie sich Fesseln anlegen und zur Treppe führen. Zerche fragte, ob sie die Einzigen auf dem Gehöft seien, doch die Männer reagierten nicht.

»Vielleicht verstehen sie dich nicht?«, sagte Zerches Kollege. »Wer weiß, woher die kommen.«

»Where do you come from?«, erkundigte sich der Kriminalhauptkommissar. »Do you speak English?«

Einer der Männer reagierte. »Yes«, antwortete er und zeigte breit seine Zähne, die ein wenig durcheinanderstanden. Mehr aber sagte er nicht.

Zerche wiederholte seine Frage, woher sie kämen, doch der Mann, der Ja gesagt hatte, lächelte nur und schwieg. Er würde nichts sagen. Hier nicht und vielleicht auch nicht den Vernehmern, auch wenn diese einen Dolmetscher hinzuziehen würden, wozu sie verpflichtet waren. Zerche fragte noch nach *papers, documents,* doch die Reaktion war die gleiche.

Er kannte dieses Verhalten, es waren nicht seine ersten Ausländer, die er wegen einer Straftat festnahm. Sie verstanden ihn nie, zumindest gaben sie dies vor. Dann überwand man mit Hilfe eines polyglotten Dolmetschers die vermeintliche Sprachbarriere, was aber selten die Aussagebereitschaft förderte. Die meisten der straffällig Gewordenen kannten sich erstaunlich gut mit dem deutschen Rechtssystem aus, zumindest was ihren Straftatbestand betraf. Sie wussten, dass das Gericht ihnen eine Schuld beweisen musste. Und konnte es das nicht, wurde der Angeklagte freigelassen. Warum also reden und dem Staatsanwalt noch Argumente liefern?

Auf dem Hof kam ihnen ihr Kollege entgegen. Er führte einen dritten Mann mit sich. Dieser schien zweifellos ein Landsmann der beiden anderen zu sein. »Von wegen maximal zwei Hanfbauern«, sagte der Beamte zu Zerche. »Du hast deine Dienstmütze verloren. Es sind drei.« Und dann: »Das müsst ihr euch mal ansehen: Der ganze Kuhstall ist ein einziges Gewächshaus! Wahnsinn.«

»Bringt die drei zum Wagen. Ich gehe noch mal durch alle Räume, um wirklich sicherzugehen, dass wir keinen übersehen haben. Dann informiere ich Leipzig. Wegen Tatort- und Spurensicherung und dergleichen. Und sie können auch gleich die drei in den Zentralen Polizeigewahrsam mitnehmen. Das ist dann nicht mehr unser Bier.«

Es wurde für alle Beteiligten eine sehr lange Nacht.

Die *Sächsische Zeitung* meldete am 16. Februar 2007: »Wieder ist in Sachsen eine große, illegale Hanfplantage aufgeflogen. Eine vietnamesische Drogenbande hatte einen alten Bauernhof in Liebschütz bei Oschatz zur Haschisch-Farm umgebaut. Jetzt kam die Polizei zum Ernten. Ein Tipp aus der Szene führte die Drogenfahnder der Polizeidirektion Westsachsen auf die Spur der emsigen Hanfbauern. In einem gemieteten Dreiseitenhof hatten die Vietnamesen auf zwei Etagen sämtliche Räume mit Folie ausgelegt, darauf über 1000 Hanfpflanzen angebaut. Für die richtige Temperatur sorgten Klimaanlagen, UV-Strahler ersetzten in den abgedunkelten Räumen das Sonnenlicht. Drei Vietnamesen (23, 41, 56) wurden festgenommen. Die Beamten ernteten die komplette Plantage ab und sicherten eine größere Cannabis-Ladung, die schon zum Verkauf bereitstand. Polizei-Sprecher Michael Hille: ›Wir prüfen jetzt den Wirkstoffgehalt der Hasch-Pflanzen, um den Marktwert bestimmen zu können.‹«

Die Vernehmungen der Vietnamesen in Leipzig verliefen wie erwartet. Ein Dolmetscher wurde hinzugezogen, dennoch schwiegen sie beharrlich. Es waren auch auf andere Weise keine Verbindungen zu den Auftraggebern und Hintermännern zu ermitteln. Am Ende kam es lediglich zu einer Anklage wegen illegalen Anbaus von Betäubungsmitteln. Nicht wegen Bandenkriminalität und Organisierter Kriminalität.

Die Hanfpflanzen einschließlich der Ernte wurden säckeweise in einem Hochofen in Sachsen verbrannt. Das Equipment – Lampen, Ventilatoren, Kabel, Folien und so weiter – wurde auf Veranlassung Zerches dem Leipziger Zoo zur Verfügung gestellt. Das ebenfalls beschlagnahmte Mobiltelefon wurde nach Auflassung der Staatsanwaltschaft »wegen Unverwertbarkeit« vernichtet.

Kriminalhauptkommissar Zerche bei den Ermittlungen in der ausgehobenen Hanfplantage

Die schon geraume Zeit laufende Diskussion über die Legalisierung des Hanfanbaus erfuhr, wie stets nach solch spektakulären Fällen, eine neuen Schub. Wenn die Abgabe von Cannabis erlaubt sei, würde Kriminellen die geschäftliche Basis und damit das Motiv entzogen werden, lautete das eine Argument der Befürworter. Das andere: Es gebe so viele kranke Menschen, denen mit diesem Naturprodukt geholfen werden würde. Sie müssten dann nicht mehr bei der Bundesopiumstelle des Bundesinstituts für Arzneimittel und Medizinprodukte eine Ausnahmeerlaubnis beantragen, um ein Cannabis-Medikament auf Rezept in der Apotheke erwerben zu können. Das Verfahren könnte bei einer Legalisierung entbürokratisiert und vereinfacht werden.

Allerdings, und das wurde dabei meist verschwiegen, gab es noch keine ausreichenden Belege dafür, dass Arzneimittel auf der Basis von Cannabis etwa gegen Schmerzen von Krebs- und Rheumapatienten tatsächlich helfen würden. Oder bei Beschwerden des Verdauungstraktes. Auch dafür, dass Cannabis bei Schwerkranken mit Aids oder mit einem Tumorleiden den Appetit anregte, existierte kein wissenschaftlich abgesicherter Nachweis, allenfalls die Erfahrung von Freizeit-Konsumenten, dass Kiffen hungrig machte. Diese Beobachtung machte man auch, wenn man trank. Doch was bei Gesunden funktionierte, musste nicht zwingend bei Kranken eine nennenswerte Wirkung zeigen.

Für Zerche besaß der Hanf nicht dieses positive Image eines natürlichen Heilmittels, er war jeglichem Wunderglauben abhold. Auch diesem. Dazu hatte er inzwischen zu viel Leid und Elend im Zusammenhang mit Drogen erleben müssen. Der Schaden, den sie verursachten, schien ihm um einiges größer als der Nutzen, den sie – angeblich oder vielleicht wirklich – stifteten.

Die drei schweigsamen Vietnamesen wurden wegen des Verstoßes gegen § 30a/I des Betäubungsmittelgesetzes zu zwei Jahren Haft ohne Bewährung verurteilt.

Nachdem die Hälfte der Strafe abgesessen war, wurden sie aus der JVA entlassen. Und vermutlich wieder in das Land zurückgeführt, aus dem sie illegal geholt worden waren. Oder vielleicht kehrten sie dorthin freiwillig zurück – oder blieben im Lande und nährten sich redlich. Kriminalhauptkommissar Hartmut Zerche hörte von Van Phuong Luu, Van Thang Vu und Hoang Van Hoan jedenfalls nie wieder etwas. Was ein Beweis für nichts war.

Zerche hob zwischen 2004 und 2012 in seiner Region zwölf Hanfplantagen aus. Danach gingen die Zahlen auffällig zurück, im Schnitt stieß man nur noch auf eine pro Jahr. Das bedeutete nicht, dass auch weniger Hanf angebaut wurde. Die Betreiber illegaler Plantagen gingen mit der Zeit und nutzten Energie, die sich mit Solarzellen gewinnen ließ. Dadurch kam es zu weniger Stromdiebstählen, auf die die Polizei von den Energieproduzenten aufmerksam gemacht wurde. Folglich entfiel dieser Ermittlungsansatz, der in mehreren Fällen dazu geführt hatte, die Standorte aufzuspüren. Manche Banden nutzten auch Notstromaggregate. Diese waren laut und verbrauchten obendrein Diesel, was die Gewinne schmälerten. Wesentlich profitabler war darum die Produktion von Crystal Meth, wobei auch dort die Ermittler im Laufe der Jahre eine wachsende Professionalisierung beobachteten. Die Labors verließen die Garagen und Küchen, die Amateure wurden von Chemikern verdrängt, die synthetische Droge wies schon bald einen Reinheitsgrad von 70 bis 80 Prozent auf. Auch der Vertrieb erfuhr eine Veränderung. Dominierten in den ersten Jahren die Nordafrikaner den sächsischen Drogenmarkt, wurden sie bald von den Russen verdrängt. Dann kamen die Clans aus den arabischen Staaten, die sich die Claims aufteilten und die anderen Dealer verdrängten. Dass ein kausaler Zusammenhang mit der Zunahme der Flüchtlinge aus Nahost bestand, ist nicht bewiesen. Ähnlich verhielt es sich in anderen Bundesländern. Es mehrten sich die Anzeichnen, dass die mittlere Führungsebene des Drogenhandels in den Unterkünften gezielt irakische, syrische, afghanische und nordafrikanische Flüchtlinge ansprach und sie als Straßenverkäufer oder Kuriere akquirierte. Die wirtschaftlich schwächsten Mitglieder der Gesellschaft waren und sind anfällig für solche Angebote.

Mit Drogen, das war Kriminalhauptkommissar Zerche bewusst, würde er bis zum Ende seiner Dienstzeit und darüber hinaus leben müssen. Aber abfinden würde er sich damit nie. Es war weder ein individuelles noch ein Flüchtlingsproblem, sondern es war ein gesellschaftliches Problem.

Erschütternde Taten
aus den 90er Jahren

Klaus Keck
Des Mörders Barthaar
Authentische Kriminalfälle
224 Seiten
brosch., mit Abb.
12,99 €
ISBN 978-3-360-02126-7

E-Book
7,99 €
ISBN 978-3-360-50069-4

Im September 1994 verschwinden zwei Mädchen in einem Wald bei Torgau. Alle hoffen darauf, dass die beiden wieder auftauchen werden. Als jedoch drei Wochen später die Leichen gefunden werden, vierhundert Kilometer vom Ort ihres Verschwindens entfernt, beginnt die Suche nach dem Doppelmörder. Erst nach neun Jahren wird man den Täter finden. Der Autor schildert die aufwendige Polizeiarbeit, die dafür geleistet wurde, und dokumentiert Kriminalgeschichte. Viele heute wie selbstverständlich praktizierte Untersuchungsmethoden, etwa der DNA-Abgleich, standen erst am Beginn.

Kripo-Chef Ralf Romahn ist grausamen Verbrechen auf der Spur

Ralf Romahn
Kremserfahrt in den Tod
Authentische Kriminalfälle
208 Seiten
brosch., mit Abb.
12,99 €
ISBN 978-3-360-01317-0

E-Book
9,99 €
ISBN 978-3-360-50140-0

Als Ende der 8oer Jahre in Ostberlin wiederholt Kinder bei Kremserfahrten verschwinden und später tot aufgefunden werden, bringt dies nicht nur eine groß angelegte Fahndung in Gang. Die Polizei ruft auch alle Bürger zur Mithilfe auf. Trotz Aufklärung erfährt die Tatserie nach der Wende eine grausame Fortsetzung. Als zuständiger Ermittler schildert Ralf Romahn gewohnt versiert den Fall und berichtet von den Hintergründen. Detailliert geht er auch bei weiteren Fällen auf die Polizeiarbeit ein, bei der er zuweilen in persönliche Interessenskonflikte gerät. Dass Eifersucht manchmal den Falschen trifft und dass auch Angestellte des Morddezernats nicht immer unbescholten sind, weiß Romahn überaus eindrücklich zu erzählen.

Bildnachweis
Archiv Hartmut Zerche: S. 116, 119, 120 (2x), 125, 127, 128, 130, 131, 145, 174, 181, 197, 201
Robert Allertz: S. 26, 31, 32, 40, 43, 44, 47, 51, 52, 53, 67, 72, 85, 91, 97, 109, 112, 143, 191

ISBN 978-3-360-01327-9

Umschlaggestaltung: Buchgut, Berlin
Druck und Bindung: buchdruckerei.de, Berlin

Die Bücher des Verlags Das Neue Berlin
erscheinen in der Eulenspiegel Verlagsgruppe.

www.eulenspiegel.com